供应链管理中的战略库存研究

孙康泰 著

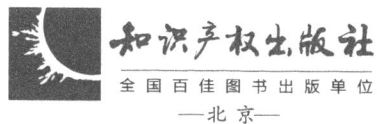

全国百佳图书出版单位
—北京—

图书在版编目(CIP)数据

供应链管理中的战略库存研究／孙康泰著 .—北京：知识产权出版社，2023.12
ISBN 978 – 7 – 5130 – 9026 – 1

Ⅰ.①供… Ⅱ.①孙… Ⅲ.①供应链管理—库存—研究 Ⅳ.①F253

中国国家版本馆 CIP 数据核字(2023)第 228666 号

内容提要

本书主要研究了供应链管理中的战略库存问题，从参考价格效应、生产学习效应和制造商成本削减三种不同视角来研究零售商的战略库存决策，并分析了这些决策对供应链成员的效益及整个供应链效率的影响。

本书可供高等院校从事物流管理、供应链管理的教师和学生使用，同时，也对供应链管理从业人员具有一定的参考价值。

责任编辑：许 波 责任印制：孙婷婷

供应链管理中的战略库存研究
GONGYINGLIAN GUANLI ZHONG DE ZHANLÜE KUCUN YANJIU

孙康泰 著

出版发行：知识产权出版社 有限责任公司	网　址：http://www.ipph.cn
电　话：010 – 82004826	http://www.laichushu.com
社　址：北京市海淀区气象路 50 号院	邮　编：100081
责编电话：010 – 82000860 转 8380	责编邮箱：xubo@ cnipr.com
发行电话：010 – 82000860 转 8101	发行传真：010 – 82000893
印　刷：北京中献拓方科技发展有限公司	经　销：新华书店、各大网上书店及相关专业书店
开　本：720mm×1000mm　1/16	印　张：10.75
版　次：2023 年 12 月第 1 版	印　次：2023 年 12 月第 1 次印刷
字　数：160 千字	定　价：68.00 元
ISBN 978 – 7 – 5130 – 9026 – 1	

出版权专有　侵权必究
如有印装质量问题，本社负责调换。

前言

传统观点认为，企业持有库存有多种原因，如上游制造商在采购或生产中存在规模经济效应、生产延迟，以及应对需求或供应不确定性而持有安全库存等。此外，零售商也可能出于战略原因持有库存，以在未来与供应商的谈判中获得更高的议价能力，迫使制造商降低批发价。这样的库存也被称为"战略库存"。现有研究表明，战略库存能够缓解双重边际效应，提高供应链的效率。因此，在市场竞争日益激烈的今天，探讨如何有效地运用战略库存策略，对企业提高市场竞争力具有重要影响。

本书主要研究了供应链管理中的战略库存问题，从参考价格效应、生产学习效应和制造商成本削减三种不同视角来研究零售商的战略库存决策，并分析了这些决策对供应链成员的效益及整个供应链效率的影响。全书主要内容如下。

首先，建立了由一个制造商与一个零售商组成的二级供应链模型，在参考价格效应的影响下，消费者在第二期购买产品时的效用受到第一期价格的影响。研究考虑了两种常见的定价合约——动态定价合约和价格承诺合约，并得出了零售商在两种定价合约下最优的库存和定价决策。研究结果表明，在动态定价合约下，当库存持有成本较低时，零售商会战略性地持有库存，但参考价格效应会抑制零售商的战略库存行为。价格承诺合约能够完全消除零售商的战略库存行为。通过比较两种合约下供应链成员的利润，发现动态定价合约下制造商的利润更高。当参考价格效应较低时，零售商的战略库存行为可能会损害自身及整个供应链的利润。当参考价格效应较为显著时，供应链成员在动态定价合约下的利润更高。此外，研究还探讨了库存持有成本与产品价值相关时的战略库存行为，结果表明，相对于价格承诺合约，动态定价合约下无论零售商是否持有库存，供应链成员的利润都会更高。

其次，构建包含一个制造商与一个零售商的二级供应链两期销售模型，由于制造商存在生产学习效应，其第二期的单位生产成本会受到第一期生产量的影响。分别研究了动态定价合约与价格承诺合约下零售商的战略库存行为。结果表明，一方面，只有当库存持有成本较低时，动态定价合约下的零售商才会持有战略库存，并且生产学习效应越高，零售商的持有库存意愿越强。价格承诺合约能够完全消除零售商的战略库存行为。制造商总是偏好动态定价合约。生产学习效应与库存持有成本共同影响零售商对合约的偏好。另一方面，当生产学习效应显著时，整体供应链在动态定价合约下的效率更高。在此基础上，本书分别探讨了零售商销量、库存不可观测与存在科技进步时的战略库存行为，分析了战略库存对供应链成员效率的影响。零售商的库存决策与科技进步相关。特别是当科技进步较高时，动态定价会完全消除战略库存。此外，当科技进步处于中等水平时，战略库存可能会加剧双重边际效应，从而损害供应链成员的利润，零售商和制造商更愿意接受价格承诺合约来避免战略库存的出现。

最后，基于制造商成本削减行为，构建了考虑战略库存的两阶段决策模型。在实际生活中，我们可以看到两种常见的成本削减策略：固定成本削减与动态成本削减。针对制造商的成本削减，得到了动态定价合约和价格承诺合约下制造商的最优投资决策、零售商的战略库存与定价决策，同时分析了成本削减效率及库存持有成本对最优决策的影响。结果表明，若制造商只在销售初期进行成本削减，其行为会激励零售商的战略库存行为。特别是当成本削减效率较高的情况下，战略库存能够缓解双重边际效应，为零售商与制造商带来更多的利润，提高渠道效率。而制造商动态地进行成本削减投资，则会抑制零售商的战略库存行为。特别是在成本削减效率较高的情况下，动态定价合约能够完全消除战略库存。此外，战略库存会降低供应链的总体成本削减水平，并有可能加剧双重边际效应，从而损害零售商与制造商的利润。

目录

1 绪　论 / 1
   1.1　研究背景与问题提出 / 1
   1.2　研究意义 / 5
   1.3　研究内容 / 7
   1.4　研究思路与方法 / 9
       1.4.1　研究思路 / 9
       1.4.2　研究方法 / 9
   1.5　主要创新点 / 10

2　文献综述 / 12
   2.1　战略库存研究 / 12
   2.2　参考价格效应研究 / 15
   2.3　生产学习效应研究 / 17
   2.4　生产成本削减研究 / 19
   2.5　文献评述 / 22

3 考虑参考价格效应下的战略库存研究 / 23

3.1 研究背景 / 23

3.2 模型描述 / 25

3.3 模型分析 / 26

    3.3.1 动态定价合约 / 26

    3.3.2 价格承诺合约 / 34

3.4 均衡决策比较 / 36

3.5 库存持有成本内生时零售商的战略库存决策 / 42

3.6 本章小结 / 48

4 考虑学习效应下的战略库存研究 / 50

4.1 研究背景 / 50

4.2 模型描述 / 52

4.3 模型分析 / 53

    4.3.1 动态定价合约 / 53

    4.3.2 价格承诺合约 / 62

4.4 均衡决策比较 / 63

4.5 库存不可观测时的战略库存策略研究 / 72

4.6 存在科技进步时的战略库存策略研究 / 84

    4.6.1 动态定价合约 / 85

    4.6.2 价格承诺合约 / 91

    4.6.3 均衡决策比较 / 92

4.7 本章小结 / 102

5 动态成本削减下的战略库存研究 / 104

5.1 研究背景 / 104

5.2 模型描述 / 105

5.3 模型分析 / 106

  5.3.1 固定成本削减 / 106

  5.3.2 动态成本削减 / 120

5.4 本章小结 / 143

6 总结与展望 / 145

6.1 全书总结 / 145

6.2 研究不足与研究展望 / 147

参考文献 / 150

1 绪 论

1.1 研究背景与问题提出

传统观点认为，企业持有库存有多种原因，如上游制造商在采购或生产中存在规模经济效应、生产延迟、持有安全库存以应对需求或供应的不确定性等（Holt et al.，1960；Zipkin，2000；Nahmias，2004；Anupindi et al.，1999）。除此之外，安南德等（Anand et al.，2008）观察到企业持有库存也可能是出于战略原因，即可以在未来与供应商的谈判中获取更高的议价能力，迫使制造商降低批发价，这样的库存也被称为"战略库存"。在多个销售周期中，制造商提供动态定价合约时，零售商可能会战略性地持有库存，以对制造商提供的动态批发价格施加下行压力，削弱制造商的垄断力。战略库存在未来期间为零售商提供杠杆作用，制造商可以通过设定更高的批发价格来利用零售商在第一期内有更高的购买倾向（Roy et al.，2018）。实际生产中，位于西班牙的钢铁制造商塞尔莎（Celsa）在采购废金属用于钢铁生产时拥有多个渠道，如当地废钢经销商、欧洲大型废钢贸易商等，因此原材料供应充足不会出现短缺。一般会认为塞尔莎不需要一直保持较高水平的废金属库存（持有库存会产生的一定成本）。然而，塞尔莎在工厂外储存了大量的废金属原材料，这在与当地废钢经销商谈判时起到了关键作用，较高的原材料库存向当地经销商传递了一个信息，即只有在原材料价格足够低时，塞尔莎才会购买得更多。可以说，持有库存会迫使经销商降低原材料的报价（Martínez-de-Albéniz，Simchi-Levi，

2013)。除此之外，在汽车回收拆解行业也存在类似现象（杨琪劼，2015）。

在分散的供应链中，上游制造商与下游零售商通常以追求个体利益最大化为目标作出定价或数量决策。然而，当达到均衡状态时，过高的批发价与零售价往往会使供应链遭受双重边际化效应（Spengler，1950）。研究表明，不协调的供应链决策会导致双重边际化效应，降低供应链运作效率。因此，如何实现供应链协调，提高供应链运作效率一直是供应链运营与管理中的热点问题（Tsay et al.，1999；Cachon，2003）。在最近几十年的研究中，许多学者从广告、定价、生产采购和库存管理等不同角度设计了多种激励合约以实现供应链协调，如回购合约、收益共享合约、数量折扣合约等（Xie，Wei，2009）。然而，这些合约往往忽略了库存对供应链协调的影响（Anand et al.，2008）。安南德等（Anand et al.，2008）首次提出了"战略库存"的概念，他们认为零售商持有战略库存可以迫使制造商降低批发价，缓解双重边际化效应并改善供应链的协调，从而有利于零售商和制造商。这一点也得到了学术界的广泛认可（Arya，Mittendorf，2013；Mantin，Jiang，2017；Roy et al，2018）。如今，市场竞争已经不再是企业与企业之间的竞争，而是链与链之间的竞争（Fung et al.，2007；Ha et al.，2017）。在日益复杂的竞争环境中，如何更好地应用和实践战略库存策略，对提高供应链效率和保持企业竞争力尤为重要。

当企业在进行动态定价决策时，常常遭遇无法精准刻画需求与价格的难题（Chen et al.，2016）。行为决策相关研究表明，消费者可能是后瞻性的（backward-looking），消费者在作出购买决策时，除了考虑产品的属性和当前价格外，历史价格也是影响其购买决策的重要因素（Wang，2018；Zhang，Chiang，2018）。消费者观察产品的过去价格，形成参考价格，并用它来判断当前的售价。如果当前销售价格低于参考价格，消费者的效用会受到正向影响；否则，会降低其购买意愿（Winer，1986；Lattin，Bucklin，1989）。许多产品（如咖啡、橙汁等饮料）的市场需求都会受到参考价格的影响（Mazumdar et al.，2005；Chen et al.，2017）。例如，知名咖啡品牌麦斯威尔（Maxwell House）在进入美国市场时，由于其产品的价格低于消费者对咖啡的参考价格，从而在咖啡市场上站稳了脚跟（Zhang et al.，2014；Lu et al.，2016）。随着互联网技术和社交媒体的不断发展，以及大数据应用的普及，消费者回忆和比较过去价格的能力得到了极大提高（Zhang，Chiang，2018）。消费者可以轻松地通过第三方机构"购物比价助手"的软件或网页（如搜狗购物助手、网易旗下的惠惠购物助手）获取商品的历史价格和未来价格走势。历史价格形成的参考价格是消费者评估产品以作出购买决策的重要影响因素，因此企业在制定库存和定价决策时应充分考虑参考价格效应，忽视参考价格可能导致企业的利润遭受重大损失（Wang，2018）。在消费者的购买决策受到参考价格影响时，零售商的战略库存决策与定价决策需要怎样调整？参考价格又如何影响零售商的战略库存水平及供应链成员的均衡决策？当存在参考价格效应时，零售商的战略库存对供应链成员的利润，以及整体供应链效率产生了怎样的影响？考虑到参考价格效应会影响市场需求，研究参考价格效应下零售商的定价与库存决策具有重要的理论意义与实际背景，并有助于帮助企业更好地实施定价策略。

许多制造商的生产成本随时间推移而降低（Li et al.，2015），这种降低可能主要源于边学边做（learning by doing）和技术进步两个方面（Shum et al.，2016）。随着产品累计产量的增加，工人的生产技能更加熟练，经验的积累让他们更好地了解如何改进生产流程，从而使单位生产成本降低，这种效应被称为生产学习效应。特别是在企业引入较高初始单位成本的新产品或生产工艺时，生产学习效应尤为明显（Hall，Howell，1985）。在过去几十年中，许多制造业都被观察到存在生产学习效应，如飞机制造、汽车装配、服装制造、大型乐器的生产和半导体制造（Argote，Epple，1990；Bell，Pavitt，1993）。随着技术的成熟，生产成本也可能因为零部件成本的降低而下降。例如，小米公司2017年8月发布的《关于小米电视下调部分机型的声明》指出，供应链上游原材料价格下降是导致小米电视价格下调的主要原因。近日，调研机构高德纳公司（Gartner）的一项预测表明，由于智能手表的生产成本和零部件成本下降，智能手表的平均售价预计将从2018年的221.99美元下降至2022年的210.00美元。这种因零部件、原材料成本下降导致的生产成本下降与生产数量无关，被称为"科技进步效应"（Shum et al.，2016）。在分散的供应链中，生产学习效应可能会加剧双重边际效应，降低渠道效率（徐珂，2010；Li et al.，2015）。尽管战略库存被认为能够有效缓解双重边际效应并改进供应链效率，但目前绝大多数研究都假定制造商在多个销售周期内的生产成本相同，对于生产成本随着时间推移而降低情形下的战略库存尚未有文献进行分析。鉴于此，制造商如何制定决策以最大限度地利用生产学习效应，以及战略库存对渠道效率的影响值得本书研究。

在生产运营中，低成本战略是企业保持竞争优势的重要手段（Ha et al.，2017）。企业通过流程创新（如制造流程的变化导致较低的缺陷率和更有效的材料使用），重新设计产品（如在保持功能不变的情况下改善产品架构，降低组件数量），引进先进的生产技术来降低边际生产成本（Kim，2009）。例如，索尼公司通过简化设计，减少组件数量，成功地将游戏站3（Play Station 3）单位生产成本降低50%。不仅如此，耐特兰德和费尔多斯（Netland and Ferdows，2014）的报告称许多跨国公司，如汽车、电子、家用电器、玩具和食品等行业都采用精益生产计划来提高生产率，降低生产成本。可以看到，成本削减已成为企业提高竞争力的重要手段，它不仅能降低产品售价，吸引更多的消费者，扩大市场份额，而且还能提高企业的总利润。在分散的供应链中，双重边际化效应可能导致制造商的成本削减投资可能无法达到供应链系统的最优水平（田巍等，2008）。鉴于战略库存具有改善供应链协调的优良特性，考虑零售商持有战略库存时制造商的成本削减行为，为改善供应链效率提供了新的视角。现有研究大多集中探讨单个销售周期内企业的成本削减决策，而未考虑多个销售周期的情况。在实际生产中，制造商在整个产品设计、生产及销售周期内，可能仅有一次成本削减投资机会，其单位生产成本在多个销售周期内不会发生改变（Gilbert，Cvsa，2003）。此外，制造商的成本削减行为可能是一个长期持续的过程（Fine，Porteus，1989；Bernstein，Kök，2009）。例如，国内知名家电生产商美的集团在2015年实施了为期5年的成本削减计划，预计总投入50亿元用于生产线自动化的升级和研发，以及购买机器臂等智能设备，全面实现自动化升级将为美的集团节省更多的生产成本。根据实际生产中常见的企业成本削减策略，在两个销售周期的动态定价模型中，考虑两种形式的成本削减投资对战略库存、定价及库存决策的影响对于提升渠道效率具有一定的借鉴意义。

综上所述，供应链协调一直是供应运营与管理中的热点问题。尽管战略库存作为提高供应链效率、改善渠道协调的重要工具得到了广泛研究，但仍有一些因素尚未得到充分考虑，如参考价格效应、生产学习效应、制造商成本削减投资等。因此，本书研究了包含一个制造商与一个零售商的二级供应链，考虑多期销售情形，为了避免基本市场需求的不确定性或需求变动对战略库存的分析产生影响，本书假定基本市场需求是确定的且长期保持不变。本书将从不同的角度研究零售商的战略库存行为，探讨战略库存对供应链成员（零售商、制造商、整体供应链）利润的影响。本书通过丰富战略库存的理论研究，旨在为企业改善供应链绩效提供帮助。

1.2　研究意义

学术界普遍认为，战略库存是一种改善供应链协调、缓解双重边际效应的重要工具（Roy et al.，2018）。特别是在21世纪，激烈的市场竞争使得供应链提高渠道效率变得愈加重要。本书基于安南德等（Anand et al.，

2008）的研究，针对零售商的战略库存行为，分别从消费者行为研究、生产学习效应、成本削减等多个角度探讨了这些因素对零售商战略库存和供应链效率的影响，并获得了一定的管理意义与管理启示，可以为企业在创新、定价和库存决策等方面提供管理指导和启示。

（1）面对日益复杂的市场环境，合理的定价策略对企业至关重要。研究消费者行为理论对于制定有效的定价策略显得尤为必要。随着互联网技术的应用，消费者能够轻易地获取产品的历史价格，并根据历史价格来形成参考价格。参考价格是影响消费者购买决策的重要因素，并进一步影响上下游企业的决策。然而，多数研究尚未考虑下游零售商的战略库存行为对供应链的影响。因此，本书针对消费者购买决策受到参考价格效应时零售商的库存与定价决策进行研究，并考虑供应链的动态定价合约与价格承诺合约两种合约选择。

研究发现，在动态定价策略下，制造商无法完全消除零售商的战略库存行为，零售商仍会持有库存来增加自身在第二期的议价能力。但即便如此，战略库存行为仍可为制造商带来更多的利润。对于零售商和整个供应链而言，战略库存的利润影响将同时受到参考价格效应和库存持有成本的影响。当参考价格效应较低时，零售商持有库存能够增加自身和整个供应链的利润，而当库存持有成本相对较低或相对较高时，利润的影响也是如此。然而，当库存持有成本趋于中间值时，企业利润将会降低。当参考价格效应显著时，战略库存行为始终能为企业带来更高的利润。最后，本书也考虑了库存持有成本与产品价值相关的情形，在这种情形下，战略库存仍然存在，并且始终能够缓解双重边际化效应，增加供应链成员的利润。

（2）当制造商存在生产学习效应时，生产学习效应的增加会加剧双重边际效应（Li et al.，2015），除了设计激励合约改善供应链协调外，战略库存是否能够有效提高供应链的效率是本书主要的研究问题。此外，为了更好地适应实际生活背景，本书还考虑了库存不可观测、科技进步导致生产成本降低等情形，在这些情形下，本书探讨了零售商的战略库存水平决策，并进一步分析了战略库存行为对供应链效率的影响。

（3）针对制造商的成本削减投资行为，本书研究了成本削减投资与零售商的战略库存之间的交互影响。在不同的成本削减模式下，零售商的战略库存行为对制造商的成本削减投资的影响是不同的。当销售周期间隔较短，制造商只有一次成本削减投资机会时，战略库存行为会激励制造商的成本削减行为，始终能够为制造商带来更多的利润；相应地，成本削减也会促进战略库存行为。尤其是成本削减效率较高时，零售商持有库存能够使得自身与整体供应链获益。但如果制造商拥有两次成本削减机会，则战略库存与成本削减会相互抑制，甚至在成本削减效率较高时，制造商可以完全消除战略库存。此外，战略库存有可能会损害制造商的利润，因此在零售商不持有库存时，可能对制造商更有利。

1.3 研究内容

本书研究了供应链管理中的战略库存问题。首先，探讨了价格参考效应对战略库存的影响，随后探讨了库存持有成本与产品价值相关的情形。其次，研究了制造商生产成本下降时，供应链中的战略库存问题。最后，研究了制造商的成本削减行为与战略库存的交互作用。全书共有六章，具体安排如下。

第1章为绪论，主要介绍了本书的研究背景及供应链管理中的战略库存概念，并由此引出本书的研究问题、研究意义、研究框架与思路，以及创新点。

第2章是文献综述，主要对与本书相关的国内外文献进行了分析、比较与总结。与本书相关的研究主要包括战略库存、参考价格效应、生产学习效应，以及成本削减四个方面。

第3章主要考虑参考价格效应的战略库存研究。在消费者购买决策受到参考价格效应影响时,主要研究了零售商如何根据参考价格效应制定相应的战略库存水平,以及定价决策。借助消费者效用理论建立两期的需求模型,并运用博弈论及动态规划理论,给出了供应链成员的最优决策及零售商持有库存的条件,并分析了参考价格效应对零售商库存水平的影响,探讨了战略库存行为对供应链成员利润的影响,分析了供应链成员对动态定价合约与价格承诺合约的偏好。此外,本章还考虑了库存持有成本与产品价值相关时的情形,旨在探讨当存在参考价格效应时,供应链成员如何选择合适的合约。

第4章考虑生产学习效应下零售商的战略库存行为。首先,构建由一个制造商与一个零售商组成的两阶段销售模型,其中由于存在生产学习效应,制造商第二期的单位生产成本降低。其次,研究了动态定价合约与价格承诺合约下供应链的定价与库存决策,并给出战略库存存在的条件,分析了生产学习效应及库存持有成本对供应链成员最优决策的影响。进一步地,通过比较分析两种合约下供应链成员的利润,得到了供应链成员对合约的偏好及战略库存对供应链效率的影响。最后,分别分析了当零售商库存不可观测时与存在科技进步时的战略库存行为,旨在揭示在生产成本受到学习效应影响时,库存不可观测、科技进步等因素对战略库存的影响,分析战略库存对渠道效率的影响。

第5章考虑当制造商进行成本削减时零售商的战略库存。构建由一个制造商与一个零售商组成的两阶段销售模型,在固定成本削减、动态成本削减两种不同的成本削减方式下,探讨了制造商成本削减与零售商战略库存之间的交互影响,并进一步分析了在动态定价合约及价格承诺合约下,成本削减效率对战略库存水平及供应链成员最优决策的影响。在这两种成本削减模式中,分别探讨了成本削减效率、库存持有成本如何影响供应链成员对定价策略的偏好,旨在指导企业在创新投资时,如何根据持有库存及削减机会选择最优的合约,以及制定相应地成本削减投资水平,实现供应链效率的最大化。

第6章为全书总结与研究展望。一方面对本书的主要研究成果进行总结，另一方面指出本书的研究不足，并提出了未来的研究方向。

1.4 研究思路与方法

1.4.1 研究思路

在第1章，本书根据战略库存的研究背景并结合现实背景，提出多个需要解决的研究问题；在第2章中，对与本书研究问题相关的文献进行总结归纳；在本书的第3章、第4章及第5章中，分别将参考价格效应、生产学习效应、成本削减投资等因素纳入战略库存的研究，分别得到了战略库存存在的条件，并进一步分析了战略库存行为对供应链成员的影响；在第6章中，总结了本书的主要研究成果，并指出研究不足及未来的研究方向。

总的来说，本书的研究思路具体如下：①对具体的问题进行数学建模，给出相应的模型假设与需求函数，并验证模型的合理性；②运用博弈论、动态规划等理论工具，解出相应模型下供应链成员的均衡决策；③分析重要参数（如库存持有成本、参考价格因子、生产学习效应、成本削减效率等）对决策的影响，并对比动态定价与价格承诺两种合约下供应链成员的利润，揭示一定的管理启示。

1.4.2 研究方法

根据本书的研究问题，我们主要采用以下研究方法。

（1）针对供应链中的战略库存问题，我们运用了动态规划理论、博弈论及优化理论等方法，以获得零售商和制造商的最佳决策。此外，本书还应用了消费者行为理论来描绘参考价格效应，并利用效用理论构建相应的数学模型。

（2）本书在不同的数学模型下，研究了动态定价和价格承诺合约下供应链成员的最佳决策如何变化，通过进一步比较供应链成员的利润，得出了他们对合约的偏好。

（3）为了更好地展现重要参数对均衡结果的影响，并更加直观地展示我们所获得的研究结论，本书通过大量的数值算例进一步验证了已得出的结论及管理学启示。

1.5 主要创新点

本书较为系统地研究了供应链管理中的战略库存问题。结合现实背景，不仅刻画了消费者的行为，还考虑了生产学习效应、库存信息不对称、成本削减投资等因素对战略库存的影响，丰富了战略库存对供应链效率的影响研究。

创新点主要主要体现在以下三个方面。

（1）本书研究了当参考价格效应影响消费者购买决策时，战略库存对供应链成员收益及供应链效率的影响。在以往关于战略库存的研究中，往往消费者在作出购买决策时仅考虑当期价格，而忽略了历史价格（即参考价格）对其效用的影响。尽管已有文献研究了参考价格效应下企业的动态定价与库存策略，但持有库存的主要原因是多期需求的不确定性，而不是出于战略库存的目的。本书在战略库存的背景下考虑参考价格效应，消费者在第二期的购买决策会受到参考价格的影响，借助消费者效用理论构建两阶段的需求模型，分析参考价格效应对战略库存水平、定价及库存决策的影响。通过比较动态合约与价格承诺合约下供应链成员的利润，进一步探讨战略库存对供应链成员的影响。此外，通常假定库存持有成本是外生的，在现实中，库存持有成本通常与产品的价值呈正相关，为此本书也同时探讨了库存持有成本可变时对零售商战略库存行为的影响。

（2）当生产学习效应及科技进步降低了制造商的生产成本时，研究了战略库存对供应链成员收益及供应链效率的影响。学者们从各个角度研究了零售商的战略库存行为，但一般都是假定制造商的生产成本长期保持不变。但在诸多行业中，由于存在生产学习效应或是由于科技进步导致的零部件价格下降等因素，制造商的单位生产成本随着时间的推移而降低，生产成本的降低会推动批发价的降低，必然会影响到零售商库存决策。对于制造商来说，零售商在第一期订购得越多，由学习效应带来的成本下降幅度就越大，与此同时，制造商也会担心零售商过高的订购量会带来较高的持有库存，因此合理的定价策略对制造商来说尤为关键。基于此，首先，考虑仅存在生产学习效应的情形下研究零售商的战略库存行为，揭示生产学习效应对其库存持有水平的影响，通过比较动态定价合约与价格承诺合约下供应链成员的利润，进一步探讨零售商的战略库存行为对供应链成员及整体供应链的影响。其次，在实际中，制造商可能无法观测到零售商实际的销售量及库存水平，基于此，探讨零售商的库存不可观测下，生产学习效应对战略库存的影响。最后，为了更好地突出科技进步对战略库存的影响，假定库存持有成本为零，同样讨论了科技进步、生产学习效应与战略库存之间的交互作用。在制造商生产成本下降时，为企业更好地作出库存与定价决策提供了理论依据。

（3）在制造商进行成本削减投资时，研究了战略库存对供应链成员收益及供应链效率的影响。成本削减不仅是企业创新的重要内容，也是保持成本竞争力的重要手段。尽管在实践中成本削减非常普遍，但其对战略库存的影响在文献中尚未探讨。本书首次将上游制造商的成本削减投资与零售商的战略库存行为相结合，考虑两种常见的成本削减模型，即单阶段成本削减（制造商只有一次成本削减机会）与多阶段成本削减模型（制造商具有两次成本削减机会），并在此基础上探讨制造商最优的成本削减水平、零售商最优的库存持有水平，分析了制造商如何根据战略库存行为作出成本削减的决策，成本削减效率对战略库存水平的影响，并讨论了成本削减效率、库存持有成本及定价策略如何共同影响供应链成员的利润及整体供应链的效率，对企业制定合理的创新水平及定价策略具有一定的指导意义。

2 文献综述

本书主要与战略库存、参考价格效应、生产学习效应、成本削减等研究领域密切相关,下面将回顾和总结这些领域的国内外研究现状,并指出其与本书研究的主要区别和联系。

2.1 战略库存研究

供应链协调问题一直是运营管理领域的研究热点(Tsay et al., 1999; Cachon, 2003),一些文献主要关注激励合同的设计,以实现供应链最优的库存水平,而忽视了库存的作用(Laffont, Tirole, 1993)。传统观点认为,制造商促销是零售商提前采购的主要原因,而零售商持有库存会损害与制造商之间的关系。然而,安南德等(Anand et al., 2008)在一个包含一个零售商和一个制造商的供应链结构中,首次探讨了战略库存对供应链协调的影响。他们发现,在动态定价合约下,零售商可以通过战略性地持有库存迫使制造商降低第二期的批发价。零售商在第一期的购买意愿较强,制造商为了防止零售商持有过量的库存会在第一期设定较高的批发价格。零售商的战略库存行为降低了产品平均批发价,当零售商的库存持有成本较小时,在动态定价合约下零售商战略性地持有库存能够改进供应链协调,实现供应链成员的帕累托改进。当库存持有成本较高时,零售商更愿意采用价格承诺合约来避免持有战略库存。克斯金奥贾克等(Keskinocak et al., 2008)在安南德等(Anand et al., 2008)的研究基础上,进一步研究了供应商在第一期存在产能约束时的战略库存问题,结果表明供应链成员有可能在价格承诺合约中获取更高的利润。阿莉娅和米滕多夫（Arya，Mittendorf，2013）的研究结果表明，当制造商直接对顾客返利时，返利策略并不能阻止零售持有库存，但会在一定程度上削弱零售商的战略库存行为，并且使供应链成员及消费者受益。阿莉娅等（Arya et al.，2014）的研究表明，当库存持有成本较低时，分散采购策略要优于集中采购策略。曼丁和蒋（Mantin，Jiang，2017）考虑了产品的质量随时间下降时，零售商的战略库存行为。零售商的战略库存行为会受到质量恶化程度的影响，特别是当质量恶化程度较为严重时，零售商不会持有库存；当质量恶化程较高时，战略库存行为总能够实现供应链成员的帕累托改进。穆恩等（Moon et al.，2018）在阿莉娅和米滕多夫（Arya，Mittendorf，2013）的基础上探讨了制造商投资和零售商投资对零售商战略库存的影响，制造商投资并不能消除战略库存，零售商投资有可能使供应链成员均受益。罗伊等（Roy et al.，2019）探讨了零售商库存的可观测性如何影响制造商与零售商的决策，研究结果表明，在动态定价合约下，观测不到零售商库存时制造商会获得先动优势，战略库存行为为制造商带来更高的利润。同样，由于库存的不可观测性，虽然零售商在第二期失去先动优势，但当库存成本相对较高时，战略库存也能够为零售商带来更多的利润。戴伊等（Dey et al.，2018）在绿色供应链背景下探讨了供应链结构对零售商战略库存行为的影响，结果表明，在纳什（Nash）博弈及制造商领导的斯坦伯格博弈下，零售商才会持有库存。戴伊和萨哈（Dey，Saha，2018）发现零售商的战略库存行为不仅能提高整体供应链利润，而且会鼓励制造商提高产品绿色水平。张文杰和骆建文（2013）研究了上游供应商存在供应不稳定时零售商的库存决策问题，结果表明，当且仅当库存持有成本较低时，零售商才会设置缓冲库存。供应不稳定程度越高，零售商越愿意持有库存。吴海（2016）分别从供应商入侵、销售努力及制造商质量改进三个角度探讨了零售商的战略库存策略。

此外，一些学者在安南德等（Anand et al., 2008）与阿莉娅和米滕多夫（Arya, Mittendorf, 2013）基础上研究了一般供应链结构下的战略库存行为。德塞等（Desai et al., 2010）研究了单条供应链、竞争性零售商与竞争性制造商供应链结构下零售商的战略库存行为，结果表明，在动态定价合约下零售商的战略库存行为依然存在，零售商之间的竞争虽然会降低战略库存水平，但并不能完全消除。李等（Li et al., 2022）探讨了竞争性供应链下的战略库存，并考虑了库存信息不对称性的情形。结果表明战略库存会加剧供应链之间的竞争。特别是，当市场竞争激烈时，战略库存会损害供应链成员的利润。官等（Guan et al., 2018）研究了制造商入侵与零售商的战略库存之间的相互影响，其中线上线下产品完全可替代。结果表明当制造商直销成本增加时，零售商的利润有可能降低；当零售商的库存持有成本增加时，制造商的利润有可能降低。与官等（Guan et al., 2018）不同的是，束军意和张建强（2015）探讨了线上线下产品之间具有可替代性时零售商提前采购与制造商开通直销渠道的问题，结果表明，零售商与制造商的均衡决策受到库存持有成本、固定直销成本共同影响。陈鹏宇（2017）在阿莉娅和米滕多夫（Arya, Mittendorf, 2013）的基础上研究了双零售商和双供应商模式下的返利策略对零售商战略库存行为的影响，研究结果表明，在竞争环境中只要零售商的库存持有成本够小，在均衡策略下零售商的战略库存行为仍然会存在。

近些年，越来越多的学者从不同的角度研究了零售商的战略库存策略，哈特维等（Hartwig et al., 2015）也从实证的角度验证了战略库存的存在性，并说明了零售商的战略库存行为既能降低批发价，又抑制了双重边际化效应。然而，现有的战略库存文献并未考虑参考价格效应、生产学习效应、成本削减等因素。为了弥补这些研究空白，本书将结合以上因素对战略库存进行探讨，以丰富人们对战略库存对供应链协调影响的理解。

2.2 参考价格效应研究

参考价格是消费者根据过去购买时观察到的历史价格等信息形成的价格预期（Kalwani，1990），大量经济学与市场营销文献证实了参考价格效应的存在性（Mazumdar et al.，2005），从而推动了参考价格效应在供应链运营与管理领域的发展（Chen et al.，2019）。

最近，参考价格如何影响企业的动态定价问题开始受到研究者们的重视。菲比希（Fibich et al.，2003）研究了参考价格是过去价格的指数加权平均值时，连续时间框架内线性需求下企业的动态定价问题。波佩斯库和吴（Popescu，Wu，2007）利用指数平滑函数更新的参考价格，研究参考价格企业动态定价策略的影响。陶伯斯和鲁道夫（Taudes，Rudloff，2012）研究了零售商在两期线性需求模型下的联合定价和库存控制问题，其中每期的需求受到历史参考价格以及当期价格的影响。张等（Zhang et al.，2013）探讨了动态合作广告与参考价格效应的交互作用，并利用双向补贴策略来协调供应链。张等（Zhang et al.，2014）考虑了在制造商具有快速响应能力及顾客具有战略行为时参考价格效应如何影响零售商的两期定价决策，并采用收益共享合约来协调整体供应链。张等（Zhang et al.，2014）在确定性需求下探讨参考价格效应对定价策略的影响，研究表明，消费者初始参考价格更高、对参考价格相应更敏感或更忠于他们的产品时供应链的利润更高。吴等（Wu et al.，2015）探讨战略顾客的购买决策受到参考价格与产品降价影响时企业的定价与库存决策。陈等（Chen et al.，2016）研究了单个制造商在面临损失厌恶的顾客时的多阶段联合库存和定价问题，其中需求是不确定的且受到当前价格和参考价格的共同影响，研究结果表明，参考价格效应会带来更低的售价及更高的库存水平。胡和纳西里（Hu，Nasiry，2011）探讨了需求对收益比对损失更加敏感时企业的动态定价问题。胡和纳西里（Hu，Nasiry，2017）在需求不确定的环境下通过效用理论构建了总体市场需求，结果表明，即便顾客是损失规避的，但在某些情况下，市场需求可能对收益比对损失更敏感。张和江（Zhang, Chiang, 2018）研究了当需求受到参考价格效应影响时，耐用品的动态定价问题。赵等（Zhao et al, 2019）在两阶段需求模型下研究了当战略顾客的购买行为受到价格参考效应影响时，零售商的定价问题，结果表明，在顾客效用折扣不是太高时，价格匹配策略要优于动态定价策略。查等（Zha et al., 2019）研究了双寡头竞争下的两期定价决策问题，竞争性产品之间的需求受参考价格效应的影响，结果表明，相对于价格承诺定价策略，企业在动态定价策略利润相对较高。

国内部分学者也对参考价格效应进行了研究，宋鸿芳等（2015）探讨了消费者将历史价格作为锚点时，零售商的动态定价与库存问题，并研究了折现因子与库存积压问题对零售商决策的影响。林志炳（2016）考虑以制造商建议零售价为参考价格时供应链的定价策略，并探讨了制造商的讨价还价能力、损失厌恶程度、参考价格对供应链成员决策的影响。陈波等（2016）在参考价格效应与价格管制背景下探讨了厂商最优质量控制决策与定价策。浦徐进等（2017）分析了参考价格效应对双渠道供应链定价的影响，并采取两部定价契约来实现供应链的协调。周尔凤等（2018）研究了在考虑参考价格效应时双寡头企业的动态广告和定价策略。计国君和孙忠锋（2018）探讨了异质性消费者购买行为受到参考价格效应影响时零售商的定价决策，并给出了不预售、溢价预售及折扣预售三种策略的可行域。

现有的与参考价格相关的部分文献考虑了零售商的库存和定价决策问题，但零售商持有库存的原因主要是应对需求的不确定性，而非出于战略库存的目的。因此，在本书中，假定消费者的效用受到参考价格效应的影响，基于效用理论，构建了两阶段确定性的需求模型，旨在研究零售商的战略库存行为，并分析参考价格效应和战略库存对供应链成员对合约偏好的共同影响。该研究工作将在本书第 3 章进行阐述。

2.3 生产学习效应研究

许多行业长期以来都观察到存在生产学习效应（Argote，Epple，1990；Yelle，1979；Wright，1936）。莱特（Wright，1936）最早发现了生产学习效应的存在，他观察到航空制造业的生产中单位劳动力成本随着累积产量的每倍增加而以恒定速率下降。之后的研究和行业调查表明，各种行业都存在学习曲线现象（Baloff，1971；Dutton，Thomas，1984；Hatch，Mowery，1998；Yelle，1979）。

在运营与管理领域，卡利什（Kalish，1983）和卡布拉尔和里奥顿（Cabral，Riordan，1994）研究了生产学习对价格的影响。格雷等（Gray et al.，2009）探讨了原始设备制造商（OEM）与合约制造商（CM）之间的两期动态博弈问题，其中两家制造商均可以通过边学边做来降低生产成本，研究结果表明，原始设备制造商的最优的外包策略可能是动态的，原始设备制造商同时进行外包和内部生产可能是一种最佳的策略。贾伯等（Jaber et al.，2010）在三级供应链中探讨了制造商的学习效应对供应链效率的影响。罗贝尔和佩拉基斯（Lobel，Perakis，2011）开发了一个模型来研究生产学习对消费者对太阳能光伏技术的购买决策的影响。徐等（Xu et al.，2011）在制造商和零售商组成的分散供应链中研究了生产学习效应对多期动态定价策略的影响，分析了水平竞争和垂直竞争下供应链成员的最优决策，研究结果表明，在开环均衡定价策略下，制造商和零售商都从较高的学习效应中获益。肖和盖蒙（Xiao，Gaimon，2013）在下游买方和上游供应商均存在学习效应背景下探讨了买方最优的外包决策，其中供应商能够采用价格和集成过程改进（IPI）两种机制来影响买方的外包决策。李等（Li et al.，2015）研究了生产学习效应不确定时制造商的持有库存问题，研究表明，在制造商库存转移成本较低时，制造商会将第一期未出售的库存转移到第二期进行售卖,并设计收益共享合约协调整体供应链。希尔伯迈尔和米纳(Silbermayr,Minner,2016)考虑当上游两个潜在的供应商存在中断风险和学习效应时,下游买方在多周期内的单一和双重采购问题,研究结果表明,若两个供应商之间以最佳方式分配需求,则双重采购可以节省大量成本。舒姆等(Shum et al.,2016)探讨了在制造商生产成本随着科技进步和学习效应而降低时,顾客的战略性如何影响制造商对价格承诺合约、动态定价及价格补偿三种定价策略的偏好。张等(Zhang et al.,2018)探讨了在学习效应不确定且零售商拥有私有需求信息时供应链成员对合约的偏好,研究表明,制造商总是偏好两阶段非线性合约。巴苏等(Basu et al.,2018)探讨了当两个竞争性的制造商均能够通过学习效应和改进生产工艺来降低生产成本时,零售商如何选择其供应商,研究表明,学习效应是影响零售商订购策略的重要因素。张等(Zhang et al.,2016)在绿色供应链中制造商存在学习效应的背景下,分别探讨了在集中和分散供应链下供应链成员的最优定价及产品最优的能效水平。张等(Zhang et al.,2018)讨论了在零售商为领导者,零售商或制造商决定产品绿色水平时供应链成员的最优决策,其中产品的单位生产成本随着订购量的增加而降低,研究结果表明,在成本分担比例内生时,讨价还价能力对产品绿色水平的制定权产生了重要影响。陈志祥(2007)对工业生产中生产学习的模型进行了归纳总结分析。徐健腾等(2013)在制造商存在学习效应的背景下研究了多周期下零售商组成最优的订购与生产决策,研究结果表明,增加订购次数或延长第一件产品的生产时间是提高整体供应链的效率的有效措施。柏庆国和徐贤浩(2015)研究了双渠道模式下当分销商的生产订购成本有一定概率发生学习效应时,非变质产品和易腐产品最优库存策略。

在上述关于生产学习效应的研究文献中,均未考虑零售商的战略库存行为,在战略库存的研究文献中也未考虑生产成本变动时的情形。本书在安南德等（Anand et al., 2008）的基础上，构建了两阶段的需求模型，其中由于存在生产学习效应，制造商第二期的单位生产成本下降，旨在研究生产学习效应对零售商的战略库存行为的影响，通过比较动态定价和价格承诺合约，分析战略库存对供应链成员的影响，并帮助企业制定最佳契约以实现最大利润。该研究工作将在第4章中进行阐述。

2.4 生产成本削减研究

创新是引领发展的第一动力（龚红，骆金箭，2018），成本削减一直都是企业创新的重要内容。关于企业的成本削减问题，有很多文献从非协调成本削减与联合成本削减两个角度进行了研究。在非协调的成本削减研究文献中，吉尔伯特和西维萨（Gilbert, Cvsa, 2003）在需求不确定情形下发现价格承诺策略能够避免上游企业"敲竹杠"，从而激励下游企业创新。希斯和斯瓦米纳汉（Heese, Swaminathan, 2006）研究了成本削减努力对产品线设计的影响，结果表明，组件共性、生产成本、质量及成本削减努力决策之间的相互作用会对制造商的产品线设计产生重要影响。吉姆（Kim, 2000）研究了制造商对供应商的创新补贴问题。吉尔伯特等（Gilbert et al., 2006）探讨了两个竞争性原始设备制造商的生产和外包决策，其中两家原始设备制造商均有机会投资降低制造成本，结果表明外包给外部供应商可以抑制原始设备制造商之间的竞争。尹（Yoon, 2016）研究了上游供应商的供应商入侵与成本削减行为对零售商利润的影响，结果表明当成本削减投资有效性较高时，供应商开通直销渠道所带来的溢出效应能够增加零售商的利润。黄等（Huang et al., 2016）研究了制造商在面对非线性不确定需求时的成本削减行为，并引入成本分担和收益共享合约来协调供应链。夏等（Ha et al., 2017）在制造商进行成本削减投资时，分别在单条供应链与竞争性供应链中研究了零售商的需求信息共享问题，并对古诺（Cournot）竞争和伯川德（Bertrand）竞争的情形进行了分析。

结果表明，在无信息合约时，制造商成本削减效率较高时，零售商会主动共享需求信息。在信息共享合约下，零售商信息共享行为则取决于制造商的成本削减投资有效性和市场竞争程度。胡等（Hu et al., 2019）探讨了零售商促销时非线性需求下供应链中四种常见的制造商成本削减策略，结果表明，联合成本削减策略并不一定是最优的。付等（Fu et al., 2018）在分散装配系统中研究了 n 个上游配件供应商的成本削减行为。一些学者（Li, 2013；Li, Wan, 2016；Li, 2020）探讨了竞争性的供应商具有成本削减能力时单一买方的采购问题。赖曼（Reimann et al., 2019）在闭环供应链中分析了在制造商能够降低再制造产品成本时供应链成员对再制造产品销售渠道的偏好。高内和美津诺（Takauchi, Mizuno, 2019）探讨在具有成本削减能力的竞争性企业中三种运输合约下的最优决策，并进一步讨论了存在研发溢出、产品差异性及非线性成本时的情形。李艳茹等（2016）研究了双寡头市场下投资溢出对企业利润、社会福利及政府补贴的影响。许明辉等（2018）在探讨了竞争性制造商的成本削减能力对零售商信息共享模式的影响，结果表明，成本削减效率不对称可能是零售商部分共享信息的一个因素。许明辉和孙康泰（2019）探讨了在面对战略顾客时企业的成本削减与定价策略，结果表明，价格承诺定价策略总能为企业带来更多的利润。

一些学者还对上下游企业的联合创新问题进行了研究。古普塔和罗罗（Gupta, Loulou, 1998）在两条竞争性供应链的背景下探讨了上游合作创新对渠道选择的问题。同样，古普塔（Gupta, 2008）在古普塔等（Gupta et al., 1998）研究的基础上研究了供应商投资溢出时对供应链渠道选择及上游企业合作创新的影响。伊达（Iida, 2012）研究了单一制造商与多个零售商联合进行成本削减的问题。吉姆和奈特西（Kim, Netessine, 2013）分析了在信息不对称下制造商与供应商之间的合作成本削减行为。葛等（Ge et al., 2014）研究了在投资溢出时上下游企业之间的合作创新问题。

王等（Wang et al.，2016）讨论了上下游企业间在（非）合作研发及不同权利结构下的最优最优决策。葛泽慧和胡奇英（2010）在投资溢出的背景下考虑上下游企业间的合作投资问题。田巍等（2008）考虑了下游零售商竞争环境下的制造商创新投入与供应链协调问题，发现下游两个零售商的竞争性越强，制造商的创新投入就越高。陈宇科等（2010）探讨了两个竞争性上游企业和 n 个下游企业之间的合作创新问题，研究表明，纵向合作创新能够实现供应链所有成员获益。付启敏等（2011）研究了在技术不确定条件下上游制造商的成本削减问题，研究表明，联合投资更能激励上游创新。田巍（2012）探讨了第三方、制造商与供应商三种模式下的协作创新。陈树桢等（2011）考虑双渠道下制造商的创新补偿问题，通过两部定价合约可达到供应链协调。马建华等（2014）研究了竞争性供应链中上下游企业进行合作创新，结果表明，市场竞争性和研发效率是影响形成纵向研发联盟的重要因素。李星北等（2014）探讨了不同风险偏好的制造商对制造商单独创新投资和联合投资的影响。张华和顾新（2018）研究了不同权利结构下上下游企业的合作创新问题。

现有的成本削减相关文献大多只考虑单个销售周期，很少在分散的供应链中探讨多个销售周期内制造商的动态成本削减决策及零售商的战略库存行为。虽然伯恩斯坦和库克（Bernstein，Kök，2009）研究了多阶段下制造商的成本削减问题，但并未考虑零售商的战略库存决策。因此，本书将制造商的成本削减投资与零售商的战略库存行为相结合，构建了一个两阶段的需求模型。首先，分析了制造商只在初始阶段有一次成本削减投资机会时，零售商的战略库存行为。进一步地，研究了制造商在两个销售周期前均有一次成本削减投资机会时，零售商的战略库存行为。我们分别在这两种情形下比较了供应链成员在动态定价合约与价格承诺合约下的利润，旨在分析零售商的战略库存行为与成本削减效率如何影响供应链成员对合约的选择，探讨战略库存对供应链效率的影响，为企业制定合约和成本削减水平提供理论依据。该研究工作将在本书第5章进行阐述。

2.5 文献评述

从以上国内外相关研究现状看,大量文献研究了供应链中参考价格效应、生产学习效应、生产成本削减等问题。同时,越来越多的学者开始关注供应链中的战略库存管理问题。通过对战略库存相关文献进行分析,目前尚未有学者将参考价格效应、生产学习效应、成本削减等因素与战略库存结合起来进行研究。为了丰富现有研究,帮助企业更好地制定价格与库存决策,提高供应链效率,优化供应链性能。本书主要研究了以下三个问题。

(1) 本书研究当顾客的购买决策受到参考价格效应影响时,不同合约下零售商的定价与战略库存决策问题,探讨参考价格效应对战略库存行为的影响,分析战略库存及供应链合约对供应链成员收益的影响。在此基础上,研究库存持有成本与产品价值相关的情形。

(2) 当前的文献研究在供应链中战略库存管理方面已有不少进展,但大多假定制造商两期的生产成本相同,而较少关注制造商生产成本下降时零售商的战略库存决策。因此,本书将重点研究制造商存在生产学习效应情境下零售商的订购与战略库存决策,在此基础上,探讨存在库存信息不对称、科技进步因素时的战略库存,分析战略库存对供应链成员收益及供应链效率的影响。

(3) 本书聚焦当制造商进行成本削减时,制造商如何根据零售商的战略库存行为采取相应的成本削减投资水平。本书考虑两种常见的成本削减方式——固定成本削减和动态成本削减,根据制造商在两个销售周期内拥有的成本削减次数进行划分。在此基础上,研究成本削减对战略库存决策的影响,并分析战略库存在制造商进行成本削减时对供应链成员收益和供应链效率的影响。

3 考虑参考价格效应下的战略库存研究

考虑由一个制造商和一个零售商组成的两级供应链系统,零售商具有库存持有能力,并且第二期的产品需求受到当前售价及参考价格效应的影响。本章分别给出了动态定价合约与价格承诺合约下零售商的最优定价和库存决策,以及制造商的批发价决策,并分析了参考价格效应和库存持有成本对最优决策的影响。研究发现,参考价格效应会抑制零售商的战略库存行为;只有在动态定价合约下且当库存持有成本较低时,零售商才会战略性地持有一定量的库存。制造商总是偏好动态定价合约,零售商与整体供应链对两种合约的偏好取决于参考价格效应因子及库存持有成本。

本章安排如下:3.1 节介绍了本章的研究背景;3.2 节通过消费者效用理论建立两期的需求模型;3.3 节分别给出了在动态定价合约与价格承诺合约下的供应链成员的均衡决策,并分析了库存持有成本及参考价格效应对均衡决策的影响;3.4 节对两种合约下的均衡决策进行了比较,揭示供应链成员对合约的偏好;3.5 节考虑库存持有成本内生时零售商的战略库存策略;3.6 节对本章的研究内容研究成果进行总结。

3.1 研究背景

传统观点认为零售商持有安全库存、投机库存、在途库存来应对供应链中供给或需求的不确定性;除此之外,零售商持有库存也可能出于战略原因。零售商通过持有战略库存迫使制造商降低第二期的批发价,获得更高的议价能力。在分散的供应链中,战略库存被认为是提高供应链效率,缓解双重边际效应的有效途径（Guan et al., 2018）。

刻画价格和需求的关系是企业在进行动态定价时常遇到的难题，对消费者行为的研究就显得尤为重要（Chen et al., 2016；Hu et al., 2016）。以往战略库存的研究常常假定消费者的购买决策不会受到产品过去价格的影响，而在实际的运营管理中，市场需求不仅受到当前售价的影响，还会受到参考价格效应的影响。参考价格效应指消费者通过观察产品的过去价格，形成参考价格，从而判断当前的售价。在消费者购买产品时，如果当前销售价格低于参考价格，就会对消费者的效用带来正向影响，否则会降低消费者的购买意愿（Popescu, Wu, 2007）。在评估产品时，除了产品的属性和当前价格外，消费者还考虑其历史价格。因此，在制定价格和库存决策时，企业应充分结合消费者的行为，忽略参考价格效应可能会导致重大损失（Wang, 2018）。

本章与文献张等（Zhang et al., 2014）和麦提和吉里（Maiti, Giri, 2017）较为相关，与张等（Zhang et al., 2014）不同的是，本章的两期市场基本需求是固定的且相互独立，且零售商持有库存是有成本的，零售商战略性的提前采购在本章中主要出于战略库存的目的，而张等（Zhang et al., 2014）中零售商的提前采购行为更多是用于应对需求的不确定性。麦提和吉里（Maiti, Giri, 2017）研究了在市场需求受到参考价格效应影响时，企业不同的定价策略对供应链成员利润的影响，并未考虑零售商的战略库存行为，而本章则在零售商持有战略库存的背景下，着重研究了参考价格效应在价格承诺和动态定价合约下对零售商战略库存行为的影响。

考虑到参考价格会影响到顾客的购买决策，本章构建一个两期的销售模型，在包含一个制造商与一个零售商的二级供应链中，制造商决定产品的批发价价格，零售商制定每期的库存与零售价，研究存在参考价格效应时零售商的战略库存与定价策略，以期回答如下研究问题：①在动态定价合约与价格承诺合约下，零售商的战略库存水平与定价策略是怎样的？

②参考价格效应如何影响战略库存水平？③供应链成员更偏好哪一种合约？为了回答以上问题，分别考虑动态定价与价格承诺两种常见的定价合约，得到了每种合约下供应链成员的均衡决策，分析了参考价格因子对战略库存行为的影响，并对两种定价策略进行比较分析。

3.2 模型描述

考虑包含一个制造商与一个零售商的二级供应链，销售周期为两期，并且每个销售周期内均由零售商销售给终端的顾客。假定两期的市场规模固定且保持不变，顾客是短视的（Liu, van Ryzin, 2008; Cachon, Swinney, 2009; Wei, Zhang, 2018），异质性的顾客对产品的估值 v 均匀地分布在 $[0, a]$ 之间，即 $v \sim U[0, a]$，且市场的密度为 1（Chiang et al., 2003; Bhaskaran, Gilbert, 2009; Ru et al., 2015; Zhang et al., 2017）。零售商在每个销售周期前同时决定产品当期的价格 p_i 与订购量 q_i ($i = 1, 2$)。相应地，顾客在第一期时购买产品的效用为 $U = v - p_1$。因此，所有估值 $v \geq p_1$ 的顾客都会选择购买，零售商第一期的需求 s_1 为

$$s_1 = a - p_1 \quad (3-1)$$

与陈和胡（Chen, Hu, 2012）类似，假定零售商第一期的初始库存为零，若零售商将第一期未出售的库存 $I(I \leq q_1 - s_1)$ 转移到第二期进行售卖，需花费的单位库存持有成本为 h，否则未出售的库存将按残值 0 处理。与张等（Zhang et al., 2014），赵等（Zhao et al., 2019）类似，由于存在参考价格效应，顾客在第二期时对产品的估值为 $v + \mu(p_1 - p_2)$，其中 $\mu(p_1 - p_2)$ 为参考价格效应对消费者估值的影响［类似的线性形式在文献（Winer, 1985; Bell, Lattin, 2000; Chen et al., 2016）中很常见］，$\mu(0 \leq \mu < 1)$ 为参考价格因子，用于刻画顾客对两期价格变化的敏感性，顾客在第二期购买的效用为

$$U = v + \mu(p_1 - p_2) - p_2 \quad (3-2)$$

因此，只有估值 v 高于 $p_2 - \mu(p_1 - p_2)$ 的顾客才会选择购买。相应地，零售商在第二期的需求为

$$s_2 = a - p_2 + \mu(p_1 - p_2) \quad (3-3)$$

不失一般性，本章假定制造商和零售商均为风险中性，零售商与制造商的单位销售成本为0，制造商的单位生产成本为0（在制造商或零售商的销售成本大于零或制造商单位生产大于零时不会影响本章的主要结论），产品的残值为0。

本章考虑动态定价以及价格承诺两种合约，与阿莉娅和米滕多夫（Arya, Mittendorf, 2013）和穆恩等（Moon et al., 2018）类似，动态定价合约下的事件决策顺序为：①第一期销售季来临前，制造商首先决定批发价 w_1；②零售商在观测到批发价后同时决定第一期的订购量 q_1 及销售价格 p_1，并将剩余的库存 $I(I \le q_1 - s_1)$ 转移到第二期；③在第二期开始前，制造商根据零售商的持有库存 I 决策第二期的批发价 w_2；④零售商根据批发价 w_2 及持有库存 I 制定第二期的订购量 q_2 及销售价格 p_2。在价格承诺合约下，事件的决策顺序为：在第一期销售季来临前，制造商同时决策两期的批发价 (w_1, w_2)；在观测到两期的批发价后，零售商决定两期的订购量 (q_1, q_2) 及零售价 (p_1, p_2)。

3.3 模型分析

3.3.1 动态定价合约

首先考虑动态定价合约，运用逆向归纳法，在第二期时，零售商在观测到批发价 w_2 后，根据持有库存 I 决定第二期的订购量 q_2 及销售价 p_2。此时，零售商第二期的利润 π_{r2} 为

$$\pi_{r2} = \min\{a - p_2 + \mu(p_2 - p_1), q_2 + I\} p_2 - w_2 q_2 \quad (3-4)$$

类似于罗伊等（Roy et al., 2019）的研究，易证明零售商在第二期初的库存不应过高，应满足条件 $I \le (a + \mu p_1)/2$，最大化零售商第二期的利

润 π_{r2}，可以得到零售商在第二期最优的订购量 q_2^d 及销售价格分别 p_2^d 为

$$(p_2^d, q_2^d) = \begin{cases} \left(\dfrac{a + \mu p_1 + (1+\mu)w_2}{2(1+\mu)}, \dfrac{a + \mu p_1 - (1+\mu)w_2}{2} - I\right) & \left(w_2 < \dfrac{a + \mu p_1 - 2I}{1+\mu}\right) \\ \left(\dfrac{a + \mu p_1 - I}{1+\mu}, 0\right) & \left(w_2 \geq \dfrac{a + \mu p_1 - 2I}{1+\mu}\right) \end{cases}$$

(3-5)

相应地，在均衡状态下制造商第二期的利润为

$$\pi_{m2} = \begin{cases} w_2\left[\dfrac{a + \mu p_1 - (1+\mu)w_2}{2} - I\right] & \left(w_2 < \dfrac{a + \mu p_1 - 2I}{1+\mu}\right) \\ 0 & \left(w_2 \geq \dfrac{a + \mu p_1 - 2I}{1+\mu}\right) \end{cases}$$

(3-6)

当 $w_2 \geq (a + \mu p_1 - 2I)/(1+\mu)$ 时，$q_2^d = 0$，即零售商不会在第二期进行采购，制造商在第二期的利润为零，因此制造商不会采取此定价策略。当 $w_2 < (a + \mu p_1 - 2I)/(1+\mu)$ 时，$q_2^d > 0$，零售商总会在第二期采购一定量的。此时易知 $\pi_{m2}(w_2)$ 是关于 w_2 的凹函数，由 $\partial \pi_{m2}/\partial w_2 = 0$ 即可得到制造商在无约束条件下第二期最优的批发价 $w_2^d = (a + \mu p_1 - 2I)/[2(1+\mu)]$，显然这里得到的 w_2^d 满足约束条件 $w_2 < (a + \mu p_1 - 2I)/(1+\mu)$。于是，在均衡状态下，零售商与制造商在第二期的利润分别为

$$\pi_{m2}^* = \dfrac{(a + \mu p_1 - 2I)^2}{8(1+\mu)} \tag{3-7}$$

$$\pi_{r2}^* = \dfrac{a^2 + 2(\mu p_1 + 6I)a + \mu^2 p_1^2 + 12\mu p_1 I - 12I^2}{16(1+\mu)} \tag{3-8}$$

相应地，零售商和制造商的总利润分别为

$$\pi_r(p_1, I) = (a - p_1)(p_1 - w_1) - w_1 I - hI + \pi_{r2}^* \tag{3-9}$$

$$\pi_m(w_1) = w_1(a - p_1 + I) + \pi_{m2}^* \tag{3-10}$$

给定批发价 w_1 后，可以发现 $\pi_r(p_1, I)$ 是关于 (p_1, I) 的联合凹函数，对零售商的利润最大化，即可得到零售商在第一期的最优决策，由引理

3.1 给出。

引理 3.1 在动态定价合约下，给定第一期的批发价 w_1，

(i) 若 $w_1 < w_t$，则零售商第一期最优的决策 (p_1^d, I^d) 为

$$p_1^d = \frac{(2+3\mu)a + (2+\mu-\mu^2)w_1 - \mu(1+\mu)h}{4+4\mu-\mu^2} \quad (3-11)$$

$$I^d = \frac{6(\mu^2+3\mu+2)a + (\mu^3-9\mu^2-26\mu-16)w_1 + (\mu^3-15\mu^2-32\mu-16)h}{6(4+4\mu-\mu^2)} \quad (3-12)$$

(ii) 若 $w_1 \geq w_t$，则零售商第一期最优的决策 (p_1^d, I^d) 为

其中 $\quad p_1^d = \frac{(9\mu+8)a + 8(1+\mu)w_1}{16+16\mu-\mu^2}, \ I^d = 0 \quad (3-13)$

$$w_t = \frac{6(2+\mu)a - (\mu^2-16\mu+16)h}{16+10\mu-\mu^2} \quad (3-14)$$

证明： 易证 $\pi_r(p_1, I)$ 是关于 (p_1, I) 的联合凹函数，且零售商持有库存 I 应满足 $I \geq 0$。联立方程组 $\partial\pi_r/\partial p_1 = 0$ 与 $\partial\pi_r/\partial I = 0$，即可得到由式 (3-11) 和式 (3-12) 给出的在无约束条件下零售商的最优决策。若 $w_1 < w_t$，最优解在可行域内；若 $w_1 \geq w_t$ 时，最优解在边界 $I=0$ 处取得，此时联立 $I=0$ 及 $\partial\pi_r/\partial s_1 = 0$ 即可求得零售商的最优决策为式 (3-13)。

引理 3.1 说明，当且仅当第一期的批发价 w_1 小于阈值 w_t 时，零售商才有动机持有库存，且批发价越低，零售商持有的库存 I 越多。将 (p_1^d, I^d) 带入制造商的利润方程 $\pi_m(w_1)$ 中并对其最大化，下面的命题 3.1 给出了制造商最优的批发价决策。

命题 3.1 动态定价合约下，制造商第一阶段最优的批发价 w_1^d 为

$$w_1^d = \begin{cases} \dfrac{72a - (5\mu-2)\mu h - 16h}{2(\mu^2-4\mu+68)} & (h < h_t) \\ \dfrac{1}{32}\dfrac{(\mu^3-8\mu^2+144\mu+128)a}{8+8\mu-\mu^2} & (h \geq h_t) \end{cases} \quad (3-15)$$

其中

$$h_t = \frac{32(8+8\mu-\mu^2)(5\mu^2-2\mu+16)a}{4(8+8\mu-\mu^2)(\mu^4+12\mu^3-124\mu^2+448\mu+512)} -$$

$$\frac{\sqrt{2(8+8\mu-\mu^2)(4+4\mu-\mu^2)(\mu^2-4\mu+68)(\mu+14)^2\mu^4}}{4(8+8\mu-\mu^2)(\mu^4+12\mu^3-124\mu^2+448\mu+512)}a$$

(3-16)

证明：由引理3.1，分两种情况讨论。

情形1：$w_1 < w_t$。将(p_1^d, I^d)代入制造商利润$\pi_m(w_1)$中并进行整理，易证$\pi_m(w_1)$是关于w_1的凹函数，由$\partial \pi_m / \partial w_1 = 0$即可得到无约束条件下制造商的最优批发价为

$$w_1^d = w_1^{d1} = \frac{72a - (5\mu-2)\mu h - 16h}{2(\mu^2-4\mu+68)} \quad (3-17)$$

当$h < h_1 = \frac{4(\mu^3+4\mu^2+40)a}{\mu^4-4\mu^3-92\mu^2+640\mu+640}$时，$w_1^d$满足约束条件$w_1^d < w_t$，此时制造商的利润为

$$\pi_m^d = \frac{(1+\mu)[576a^2-(80\mu^2-32\mu+256)ha]}{8(4+4\mu-\mu^2)(68-4\mu+\mu^2)} +$$

$$\frac{(1+\mu)(\mu^4+12\mu^3-124\mu^2+448\mu+512)h^2}{8(4+4\mu-\mu^2)(68-4\mu+\mu^2)} \quad (3-18)$$

当$h \geq h_1$时，制造商的最优批发价只能在其边界取值，即$w_1^d = w_t$，相应地，制造商的利润为

$$\pi_m^d = \frac{(1+\mu)[(2\mu^2+32\mu+56)a^2-(\mu^3-2\mu^2-64)ha+16(\mu^2-8\mu-8)h^2]}{(16+10\mu-\mu^2)^2}$$

(3-19)

情形2：$w_1 \geq w_t$。与情形1类似，在无约束条件下，制造商最优的批发价为$w_1^d = w_1^{d2} = \frac{1}{32} \frac{(\mu^3-8\mu^2+144\mu+128)a}{8+8\mu-\mu^2}$。易证，当$h \geq h_2 = \frac{1}{32} \frac{(64+2\mu^2-\mu^3)}{8+8\mu-\mu^2}$时，制造商最优的批发价$w_1^d$满足约束条件$w_1^d \geq w_t$，此时制造商的利润为$\pi_m^d = \frac{(1+\mu)(\mu^2+16\mu+128)a^2}{64(8+8\mu-\mu^2)}$；否则，当$h < h_2$时，制

造商最优的批发价 w_1^d 应为 $w_1^d = w_t$，相应地，制造商的利润为

$$\pi_m^d = \frac{(1+\mu)[(2\mu^2+32\mu+56)a^2-(\mu^3-2\mu^2-64)ha+16(\mu^2-8\mu-8)h^2]}{(16+10\mu-\mu^2)^2}$$

(3-20)

比较情形 1 与情形 2 下制造商的最优利润，可发现存在 h_t 满足 $h_t \in [h_2, h_1]$，使得当 $h < h_t$ 时，制造商第一期的批发价为 w_1^{d1} 时其利润最高。当 $h \geq h_t$ 时，制造商的第一期最优的批发价为 w_1^{d2} 时其利润最高。综上可知，命题得证。

表 3-1 给出了零售商与制造商在动态定价合约下的最优决策，由表 3-1 得推论 3.1。

表 3-1 动态定价合约下供应链成员的最优决策

	$h < h_t$	$h \geq h_t$
w_1^d	$\dfrac{72a-(5\mu-2)\mu h-16h}{2(\mu^2-4\mu+68)}$	$\dfrac{(\mu^3-8\mu^2+144\mu+128)a}{32(8+8\mu-\mu^2)}$
q_1^d	$(1+\mu)\dfrac{(40\mu^2-160\mu+416)a-(\mu^4+2\mu^3-100\mu^2+408\mu+576)h}{4(\mu^2-4\mu+68)(4+4\mu-\mu^2)}$	$\dfrac{(8+5\mu-3\mu^2)a}{4(8+8\mu-\mu^2)}$
s_1^d	$(1+\mu)\dfrac{2(-\mu^3+6\mu^2-40\mu+64)a+(-3\mu^3+4\mu^2+116\mu+32)h}{2(\mu^2-4\mu+68)(4+4\mu-\mu^2)}$	$\dfrac{(8+5\mu-3\mu^2)a}{4(8+8\mu-\mu^2)}$
p_1^d	$\dfrac{(6\mu^3-92\mu^2+464\mu+416)a+(3\mu^4-\mu^3-120\mu^2-148\mu-32)h}{2(\mu^2-4\mu+68)(4+4\mu-\mu^2)}$	$\dfrac{(24+27\mu-\mu^2)a}{4(8+8\mu-\mu^2)}$
I^d	$(1+\mu)\dfrac{4(\mu^3+4\mu^2+40)a-(\mu^4-4\mu^3-92\mu^2+640\mu+640)h}{4(\mu^2-4\mu+68)(4+4\mu-\mu^2)}$	0
w_2^d	$\dfrac{24a-(\mu^2+2\mu-40)h}{\mu^2-4\mu+68}$	$\dfrac{(32+24\mu-\mu^2)a}{8(8+8\mu-\mu^2)}$
q_2^d	$\dfrac{(1+\mu)(24a-(\mu^2+2\mu-40)h)}{2(\mu^2-4\mu+68)}$	$\dfrac{(1+\mu)(32+24\mu-\mu^2)a}{16(8+8\mu-\mu^2)}$
s_2^d	$(1+\mu)\dfrac{4(\mu^3-8\mu^2+48\mu+88)a+(\mu^4-12\mu^2-336\mu-320)h}{4(\mu^2-4\mu+68)(4+4\mu-\mu^2)}$	$\dfrac{(1+\mu)(32+24\mu-\mu^2)a}{16(8+8\mu-\mu^2)}$
p_2^d	$\dfrac{(4\mu^3-128\mu^2+576\mu+736)a+(5\mu^4-8\mu^3-220\mu^2+272\mu+320)h}{4(\mu^2-4\mu+68)(4+4\mu-\mu^2)}$	$\dfrac{3(32+24\mu-\mu^2)a}{16(8+8\mu-\mu^2)}$

推论 3.1 当 $h < h_t$ 时，动态定价合约下的零售商会战略性地持有库存。

与阿莉娅和米滕多夫（Arya，Mittendorf，2013）类似，当库存持有成本较低时（$h < h_t$），在动态定价合约下，零售商与制造商的最优决策与库存持有成本 h 相关，并且零售商的库存持有水平满足 $I > 0$。这也意味着动态定价合约并不能完全消除战略库存，零售商总是会战略性地持有库存以迫使制造商降低第二期的批发价。当库存持有成本较高时（$h \geq h_t$），零售商不会持有库存。值得注意的是，当存在参考价格效应时（$\mu > 0$），供应链成员的最优决策在 $h = h_t$ 处不连续。

推论 3.2 h_t 随着参考价格效应因子 μ 的增加而单调递减，即 $\partial h_t / \partial \mu < 0$。

推论 3.2 给出了参考价格效应对库存持有成本阈值 h_t 的影响。当参考价格效应的影响增加时，零售商战略性持有库存的意愿降低。这是因为，由消费者在第二期购买的效用可知，当 μ 增加时，第一期产品的价格越高，参考价格效应对第二期的消费者产生的正效用越高，因此零售商更愿意在第一期制定较高的零售价以最大限度地利用参考价格效应。这也促使制造商提高第一期的批发价来保证边际利润，因此参考价格效应抑制了零售商的战略库存行为，只有当库存持有成本变得更低时，零售商才愿意战略性地持有库存，从而 h_t 降低。此外，如图 3-1 所示，可以发现当库存持有成本 h 较高时（$h \geq 0.25a$），零售商不会持有库存；当库存持有成本不是太低时（$0.1447a \leq h < 0.25a$），只有当参考价格效应较低时（μ 较小），零售商才会持有库存。而当库存持有成本 h 较低时（$h < 0.1447a$），虽然参考价格效应一定程度上抑制了零售商的战略库存行为，但由于库存持有成本较低，此时零售商愿意持有库存以在第二期获得更高的议价能力。

推论 3.3 给出了在动态定价合约下供应链成员在两个销售时期最优决策的关系。

推论 3.3 （i）当 $h < h_t$ 时，有 $w_1^d > w_2^d$，$p_1^d > p_2^d$，$s_1^d < s_2^d$，$q_1^d > q_2^d \Leftrightarrow$ $h < [h_q]^+$。

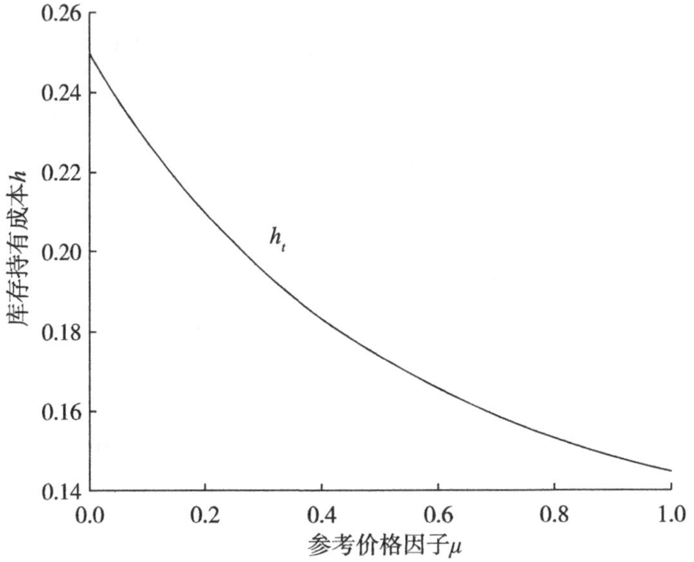

图 3-1　参考价格因子 μ 对 h_t 的影响

(ii) 当 $h \geq h_t$ 时，有 $w_1^d \geq w_2^d$, $p_1^d \geq p_2^d$, $s_1^d \leq s_2^d$, $q_1^d \leq q_2^d$。这里 $h_q = \dfrac{2(-\mu^3 + 18\mu^2 - 88\mu + 16)a}{\mu^4 + \mu^3 - 56\mu^2 + 36\mu + 128}$。

安南德等（Anand et al.，2008）的结论说明尽管制造商能够从零售商的战略库存中受益，但制造商希望零售商所持有库存量有所节制，因此制造商总是会故意提高第一期的批发价，即 $w_1^d > w_2^d$。当存在参考价格效应时，该结论依然成立。推论3.3（i）也说明了为了防止零售商持有过多的战略库存，制造商第一期的批发价相对较高。同样地，零售商会提高第一期的售价并降低第二期售价。这是因为一方面第一期制造商的批发价较高，为了保证第一期的边际利润，零售商不得不提高售价；另一方面，由于在第二期存在参考价格效应，零售商提高第一期的售价并降低第二期的售价能够增加整体需求。由于存在零售商的战略库存行为及参考价格效应，两期产品售价的不同也导致了两期产品的需求不同，这也使得第一期的需求总是要低于第二期的需求（这里需求等于销量）。

与安南德等（Anand et al., 2008）不同的是，零售商第二期的订购量有可能高于第一期。本章中战略库存行为和参考价格效应共同影响着零售商的订购决策，零售商在第一期的订购量一部分用来满足第一期的需求，剩余部分会转移到第二期再进行售卖，显然零售商持有的库存水平 I 越高，零售商第二期的订购量 q_2^d 相对越少。当库存持有成本较小时（$h < [h_1]^+$），零售商持有的库存水平 I 相对较高，从而第一期的订购量要高于第二期的订购量。而当库存持有成本不是太低时，零售商持有库存的意愿降低，持有的库存水平 I 相对较低，另外参考价格效应扩大了第二期的需求，因此第二期的订购量会高于第一期的订购量。特别是当 $u > 0.189$ 时（即消费者对两期价格的变化敏感程度相对较高），$h_q < 0$，也就是说即使库存持有成本为 0，零售商的战略库存处于较高的水平，由于参考价格效应的存在，第二期需求的增加也会使得零售商在第二期的订购量高于第一期的订购量。

推论 3.3（ii）说明，在零售商不持有库存时，由于存在参考价格效应，零售商总是愿意提高第一期的售价并降低第二期的售价来扩大第二期的需求。相应地，由于第一期的需求降低，制造商为了保证自身的边际利润从而提高第一期的批发价，这一点也与安南德等（Anand et al., 2008）有所不同。特别地，当 $\mu = 0$ 时，参考价格效应不会影响第二期的需求，此时产品两期的售价、批发价、订购量均相等。该结果说明参考价格效应增加了第二期的产品需求。

推论 3.4 h_q 随着 μ 增加而单调递减，即 $\partial h_q / \partial \mu < 0$。

证明：

$$\partial h_q / \partial \mu = \frac{2(\mu^6 - 36\mu^5 + 302\mu^4 + 40\mu^3 - 4712\mu^2 + 6400\mu - 11840)a}{(\mu^4 + \mu^3 - 56\mu^2 + 36\mu + 128)^2} < 0$$

由推论 3.3 可知，当零售商持有库存时，随着参考价格效应越来越明显（μ 增加），只有当库存持有成本更低时，零售商第一期订购量才能高于第二期订购量。这是因为在零售商持有库存时，零售商第二期的销量 s_2^d 等

于第二期的订购量 q_2^d 和转移库存 I。参考价格效应越明显（μ 越大），第二期的整体需求（销量）越高，只有当库存持有成本 h 较低时，此时零售商的战略库存水平 I 较高，第一期的订购量也相对较高，且会高于第二期的订购量。

命题3.2给出了供应链成员在动态定价合约下的均衡利润。

命题3.2 在动态定价合约下，零售商与制造商最优利润分别为

（i）当 $h < h_t$ 时，零售商与制造商的最优利润分别为

$$\pi_r^d = (1+\mu)[(32\mu^4 - 256\mu^3 + 832\mu^2 - 1280\mu + 39680)a^2 - (16\mu^5 - 400\mu^4 + 2592\mu^3 - 1088\mu^2 + 4224\mu + 30208)ha + (-3\mu^6 - 24\mu^5 + 472\mu^4 - 800\mu^3 - 16816\mu^2 + 76544\mu + 77824)h^2]/[16(4+4\mu-\mu^2)(68-4\mu+\mu^2)^2] \quad (3-21)$$

$$\pi_m^d = \frac{(1+\mu)(576a^2 - (80\mu^2 - 32\mu + 256)ha)}{8(4+4\mu-\mu^2)(68-4\mu+\mu^2)} + \frac{(1+\mu)(\mu^4 + 12\mu^3 - 124\mu^2 + 448\mu + 512)h^2}{8(4+4\mu-\mu^2)(68-4\mu+\mu^2)} \quad (3-22)$$

（ii）当 $h \geq h_t$ 时，零售商与制造商的最优利润分别为

$$\pi_r^d = \frac{(1+\mu)(4+\mu)(7\mu^3 - 92\mu^2 + 448\mu + 512)a^2}{256(8+8\mu-\mu^2)^2} \quad (3-23)$$

$$\pi_m^d = \frac{(1+\mu)(\mu^2 + 16\mu + 128)a^2}{64(8+8\mu-\mu^2)} \quad (3-24)$$

命题3.2可直观地看到，供应链成员的利润是关于库存持有成本 h 的分段函数。当库存持有成本 h 较低时，零售商持有战略库存，此时供应链成员的利润受到 h 的影响。当库存持有成本较高，零售商不持有库存，供应链成员的利润不会受到 h 的影响。

3.3.2 价格承诺合约

在价格承诺合约下，制造商在第一期的销售季来临前，同时确定两期的批发价（w_1, w_2）。随后，零售商在观测到两期的批发价后决定两期产品

的订购量及零售价。在价格承诺合约下,零售商和制造商的总利润 π_r 和 π_m 分别为

$$\pi_r = (a - p_1)p_1 - hI - w_1 q_1 + (a - p_2 + \mu(p_1 - p_2))p_2 - w_2 q_2 \quad (3-25)$$

$$\pi_m = w_1 q_1 + w_2 q_2 \quad (3-26)$$

命题 3.3 在价格承诺合约下,制造商的最优决策为 $(w_1^c, w_2^c) = (a/2, a/2)$。零售商的最优决策分别为

$$p_1^c = \frac{(6 + 7\mu - \mu^2)a}{2(4 + 4\mu - \mu^2)}, \quad p_2^c = \frac{(6 + 5\mu - \mu^2)a}{2(4 + 4\mu - \mu^2)}, \quad I^c = 0 \quad (3-27)$$

证明: 分两种情况讨论。

情形 1:若 $w_1 + h \leq w_2$,显然零售商在第二期的订购量 $q_2 = 0$。易证,此时在均衡状态下制造商的利润为

$$\pi_m^c = \frac{(1 + \mu)(4a - (2 + \mu)h)^2}{16(4 + 4\mu - \mu^2)} \quad (3-28)$$

情形 2:若 $w_1 + h > w_2$,此时零售商显然不会持有库存,即 $I = 0$。注意到 $q_1 = s_1 = a - p_1$ 和 $q_2 = s_2 = a - p_2 + \mu(p_1 - p_2)$,最大化零售商的利润 π_r,联立方程组 $\partial \pi_r / \partial q_i = 0$,即可得零售商两期最优的订购量 (q_1^c, q_2^c),将 (q_1^c, q_2^c) 代入制造商的利润方程中,最大化制造商的利润,即可得到制造商最优的批发价 (w_1^c, w_2^c),且满足 $w_1^c + h > w_2^c$,此时制造商的利润为 $\pi_m^c = \frac{(1+\mu)a^2}{4+4\mu-\mu^2}$。显然当 $h > 0$ 时,$\frac{(1+\mu)a^2}{4+4\mu-\mu^2} > \frac{(1+\mu)[4a-(2+\mu)h]^2}{16(4+4\mu-\mu^2)}$,因此制造商的最优定价策略满足 $w_1 + h > w_2$,综上即证。

推论 3.5 (i) 在价格承诺合约下,零售商不会持有库存。

(ii) $w_1^c = w_2^c$, $p_1^c \geq p_2^c$, $q_1^c \leq q_2^c$, $s_1^c \leq s_2^c$

在价格承诺合约下,由于产品两期的批发价事先给定,零售商无法通过持有库存来迫使制造商降价,因此零售商不会持有库存,安南德等 (Anand et al., 2008) 也有类似的结论。此外,即使在价格承诺合约下制造商的两期批发价相同,但由于存在参考价格效应,零售商有动机提高第

一期价格,降低第二期价格,因此第一期的需求(订购量)减少,第二期的需求(订购量)增加。

3.4 均衡决策比较

由表3-1及命题3.3,可以对供应链成员在动态定价合约与价格承诺合约下的最优决策进行比较,表3-2给出了比较的结果。

表3-2 两种合约下供应链成员的最优决策比较

变量	$h < h_t$	$h \geqslant h_t$
w_1	$w_1^d > w_1^c$	$w_1^d \geqslant w_1^c$
p_1	$p_1^d > p_1^c \Leftrightarrow h < \dfrac{(\mu+2)(-\mu^2+4\mu+4)a}{(-3\mu^3+4\mu^2+116\mu+32)}$	$p_1^d \leqslant p_1^c$
q_1	$q_1^d > q_1^c$	$q_1^d \geqslant q_1^c$
s_1	$s_1^d < s_1^c \Leftrightarrow h < \dfrac{(\mu+2)(-\mu^2+4\mu+4)a}{(-3\mu^3+4\mu^2+116\mu+32)}$	$s_1^d \geqslant s_1^c$
w_2	$w_2^d < w_2^c$	$w_2^d > w_2^c \Leftrightarrow \mu > 3/8$
p_2	$p_2^d < p_2^c$	$p_2^d \leqslant p_2^c$
q_2	$q_2^d < q_2^c \Leftrightarrow h < \dfrac{(\mu^3+22\mu^2-36\mu+40)a}{(-\mu^2+4\mu+4)(-\mu^2-2\mu+40)}$	$q_2^d \geqslant q_2^c$
s_2	$s_2^d > s_2^c$	$s_2^d \geqslant s_2^c$

表3-2说明当库存持有成本较低时($h < h_t$),相对于价格承诺合约,零售商在动态定价合约下存在战略库存行为,从而会将较多的库存转移到第二期进行售卖。因此,动态定价合约下第一期的批发价更高,订购量也更高;第二期的批发价更低,从而售价更低,销量会更高。可以发现,与安南德等(Anand et al.,2008)不同的是,若零售商持有库存,当库存持有成本趋于h_t时,会出现$p_1^d < p_1^c$、$s_1^d > s_1^c$及$q_2^d > q_2^c$的情形。这主要是因为参考价格效应使得第二期的需求增加;此外,随着h的增加,零售商第一期的销量增加、持有库存水平降低。因此,当h趋于h_t时,在动态定价合约下第一期的销量、第二期的订购量较高,第一期的售价会更低。

值得注意的是,当零售商库存持有成本较高时($h \geqslant h_t$),若$\mu = 0$(无参考价格效应),则与阿莉娅和米滕多夫(Arya,Mittendorf,2013)类似,动态定价合约与价格承诺合约等价。若 $\mu > 0$(存在参考价格效应),对于制造商来说,动态定价合约下的第一期批发价 w_1^d 高于价格承诺合约下的批发价 w_1^c,当且仅当参考价格效应较为明显时,动态定价合约下的第二期批发价 w_2^d 才会高于价格承诺下的第二期批发价。这是因为在参考价格效应较低时(μ 较小),第二期的需求受参考价格效应的影响较低,制造商较低的批发价能够显著增加第二期的需求;而当参考价格效应较高时,由之带来较高的第二期需求,制造商设定较高的批发价能够带来更高的边际利润。对于零售商来说,在动态定价合约下两期的均衡价格更低,订购量及销量更高。

接下来分析存在参考价格效应时,供应链成员对两种合约的偏好。

命题3.4 (i) 对于零售商而言,(a) 若 $\mu < \mu_r \approx 0.04868$,存在 h_{r1}, $h_{r2} \in (0, h_t]$,当 $h < h_{r1}$ 或 $h > h_{r2}$ 时,零售商偏好动态定价合约,即 $\pi_r^d > \pi_r^c$;当 $h_{r1} \leq h \leq h_{r2}$ 时,零售商偏好价格承诺合约,即 $\pi_r^d \leq \pi_r^c$。(b) 若 $\mu \geq \mu_r$,零售商总是偏好动态定价合约,即 $\pi_r^d > \pi_r^c$。

(ii) 制造商总是偏好动态定价合约,即 $\pi_m^d \geq \pi_m^c$。

(iii) 对于整体供应链而言,(a) 若 $\mu < \mu_s \approx 0.00916$,存在 h_{s1}, $h_{s2} \in (0, h_t]$,使得当 $h < h_{s1}$ 或 $h > h_{s2}$ 时,供应链偏好动态定价合约,即 $\pi_s^d > \pi_s^c$;当 $h_{s1} \leq h \leq h_{s2}$ 时,供应链偏好价格承诺合约,即 $\pi_s^d \leq \pi_s^c$。(b) 若 $\mu > \mu_s$,供应链总是偏好动态定价合约,即 $\pi_r^d > \pi_r^c$。其中

$$h_{r1,2} = \frac{2[(4\mu^5 - 100\mu^4 + 648\mu^3 - 272\mu^2 + 1056\mu + 7552) \mp \sqrt{2r}]a}{-3\mu^6 - 24\mu^5 + 472\mu^4 - 800\mu^3 - 16816\mu^2 + 76544\mu + 77824}$$

(3-29)

$$h_{s1,2} = \frac{2(4\mu^5 - 60\mu^4 + 472\mu^3 + 2640\mu^2 - 544\mu + 16256 \mp \sqrt{2s})a}{-\mu^6 - 8\mu^5 + 264\mu^4 + 2720\mu^3 - 36240\mu^2 + 133376\mu + 147456}$$

(3-30)

证明：(i) 分两种情况讨论，当 $h < h_t$ 时，零售商在两种合约下的利润之差为

$$\pi_r^d - \pi_r^c = \frac{(1+\mu)f_1(h)}{16(\mu^2 - 4\mu + 68)^2(-\mu^2 + 4\mu + 4)} \quad (3-31)$$

其中 $f_1(h) = (-3\mu^6 - 24\mu^5 + 472\mu^4 - 800\mu^3 - 16816\mu^2 + 76544\mu + 77824)h^2 + (-16\mu^5 + 400\mu^4 - 2592\mu^3 + 1088\mu^2 - 4224\mu - 30208)ah + (24\mu^4 - 192\mu^3 - 384\mu^2 + 3072\mu + 2688)a^2$。显然 $f_1(h)$ 与 $\pi_r^d - \pi_r^c$ 符号相同。易得 $f_1(h)$ 的判别式为 $\Delta_1(h) = 32a^2 r$。其中

$$r = (\mu^2 - 4\mu + 68)^2 (17\mu^6 - 264\mu^5 + 760\mu^4 + 3296\mu^3 - 5872\mu^2 - 10240\mu + 512) \quad (3-32)$$

易证，存在 $\mu_r \approx 0.04868$，使得当 $\mu < \mu_r$ 时，若 $\mu < 0.04868$，$f_1(h)$ 的判别式 $\Delta_1(h) = 32a^2 r > 0$，那么存在两个实根 $h_{ri}(i=1,2)$ 满足 $f_1(h_{ri}) = 0$，且 $0 < h_{r1} < h_{r2} \leqslant h_t$。因此，当 $h < h_{r1}$ 或 $h > h_{r2}$ 时，$f_1(h) > 0$；当 $h_{r1} < h < h_{r2}$ 时，$f_1(h) < 0$。当 $\mu > \mu_r$ 时，$f_1(h)$ 的判别式 $\Delta_1(h) < 0$，又 $f_1(h)$ 开口向上，因此 $f_1(h)$ 恒大于零。

当 $h \geqslant h_t$ 时，零售商在两种合约下的利润之差为

$$\pi_r^d - \pi_r^c = \frac{\mu(-7\mu^6 + 85\mu^5 - 344\mu^4 - 628\mu^3 + 1152\mu^2 + 2368\mu + 1024)a^2}{256(\mu^2 - 8\mu - 8)^2(-\mu^2 + 4\mu + 4)}$$

$$(3-33)$$

显然，当 $\mu = 0$ 时，$\pi_r^d - \pi_r^c = 0$；当 $\mu > 0$ 时，$\pi_r^d - \pi_r^c > 0$。

(ii) 若 $h \geqslant h_t$，制造商在两种合约下的利润之差为

$$\pi_m^d - \pi_m^c = \frac{(1+\mu)\mu(-\mu^3 - 12\mu^2 + 4\mu + 64)a^2}{64(\mu^2 - 4\mu + 68)(-\mu^2 + 4\mu + 4)} \geqslant 0$$

若 $h < h_t$，由命题 3.1 的证明可知：

$$\pi_m^d - \pi_m^c > \frac{(1+\mu)(\mu^2 + 16\mu + 128)a^2}{64(8 + 8\mu - \mu^2)} - \pi_m^c \geqslant 0$$

因此，对任意 $h \geqslant 0$，都有 $\pi_m^d - \pi_m^c \geqslant 0$。

（iii）分两种情形讨论。情形 1：若 $h \geq h_t$，由（i）和（ii）的证明可知，有 $\pi_m^d - \pi_m^c \geq 0, \pi_r^d - \pi_r^c \geq 0$，因此 $\pi_s^d - \pi_s^c \geq 0$。

情形 2：若 $h < h_t$，整体供应链在两种合约下的利润之差为

$$\pi_s^d - \pi_s^c = \frac{(1+\mu)f_2(h)}{2(\mu^2 - 4\mu + 68)^2(-\mu^2 + 4\mu + 4)} \quad (3-34)$$

其中 $f_2(h) = (-(1/8)\mu^6 - \mu^5 + 33\mu^4 + 340\mu^3 - 4530\mu^2 + 16672\mu + 18432)h^2 + (2\mu^5 - 30\mu^4 + 236\mu^3 + 1320\mu^2 - 272\mu + 8128)ah + (\mu^4 - 8\mu^3 - 208\mu^2 + 896\mu + 880)a^2$。$f_2(h)$ 与 $\pi_s^d - \pi_s^c$ 符号相同，判别式 $\Delta_2 = (1/2)a^2 s$。其中

$$s = (\mu^2 - 4\mu + 68)^2(9\mu^6 - 168\mu^5 + 440\mu^4 + 14816\mu^3 - 9584\mu^2 - 55808\mu + 512) \quad (3-35)$$

易证，当 $\mu < \mu_s \approx 0.00916$ 时，$\Delta_2 > 0$，存在 $h_{si}(i=1,2)$ 满足 $f_2(h_{si}) = 0$，且 $0 < h_{s1} < h_{s2} \leq h_t$。因此，当 $h \in [0, h_{s1}) \cup (h_{s2}, h_t)$ 时，$f_2(h) > 0$；当 $h \in (h_{s1}, h_{s2})$ 时，$f_2(h) < 0$；当 $\mu > \mu_s$ 时，$\Delta_2 < 0$，又 $f_2(h)$ 开口向上，因此 $f_2(h) > 0$。综上结论得证。

命题 3.4（i）说明当参考价格效应因子 μ 较小时（$\mu < \mu_r$），参考价格效应对第二期需求带来的影响较弱。若库存持有成本 h 较小（$h < h_{r1}$），虽然制造商为抑制零售商持有过多的战略库存而提高第一期的批发价，但相对于价格承诺合约，零售商战略性地持有库存能够降低第二期的批发价，平均批发价更低，因此持有库存对零售商有利，在动态定价下零售商的利润更高。当库存持有成本处于中等水平时（$h_{r1} \leq h \leq h_{r2}$），由表 3-2 可知，随着库存持有成本的增加，为了诱使零售商持有库存，制造商会持续性地降低第一期的批发价。虽然如此，但零售商持有库存需要支付较高的成本，相对于动态定价合约来说，零售商在价格承诺下的利润更高。当库存持有成本相对较高时（$h_{r2} \leq h \leq h_t$），一方面零售商的库存持有水平较低；另一方面，相对于价格承诺合约，零售商在动态定价合约下能够较好地利用参考价格效应，调整两期的售价。动态定价合约下第二期的批发价更低

且零售商的订购量更高,因此在动态定价合约下零售商的利润更高。当 μ 较大时($\mu > \mu_r$),随着 μ 的增加,制造商第一期的批发价增加。一方面零售商战略库存水平降低,并且库存持有成本阈值 h_t 降低;另一方面零售商第一期的售价相应地增加,并且两期的售价之差($p_1^d - p_2^d$)随着 μ 的增加单调递增,这也意味着当 μ 相对较高时,参考价格效应使得第二期顾客对产品的估值 $v + \mu(p_1^d - p_2^d)$ 变得更高,从而参考价格效应能为零售商带来更高的正效用。因此,对零售商而言,动态定价合约要优于价格承诺合约。当 $h > h_t$ 时,零售商不会持有库存,相对于价格承诺合约,动态定价下的整体销量更高,平均的边际利润更高,因此零售商的利润更高(Maiti, Giri, 2017)。特别是,若 $\mu = 0$,与阿莉娅和米滕多夫(Arya, Mittendorf, 2013)类似,两种合约等价。图 3-2 给出了 $a = 1$ 时零售商对两种合约的偏好。

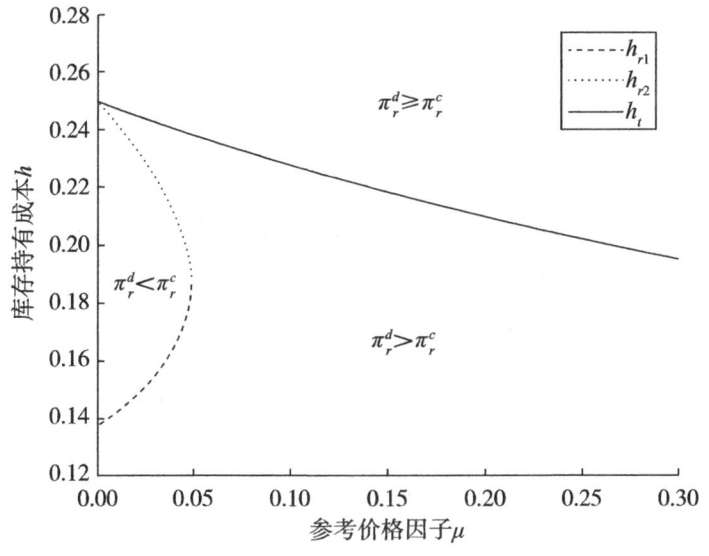

图 3-2 零售商在两种合约下的利润比较

图 3-3 及命题 3.4(ii)说明了制造商总是偏好动态定价合约。在动态定价合约下,制造商能够更好地调整批发价,虽然制造商的平均批发价更低,但总销量更高。特别地,当库存持有成本较高时,阿莉娅和米滕多夫(Arya, Mittendorf, 2013)认为两种合约等价(不存在参考价格效应)。

而当存在参考价格效应时,两种合约不再等价,虽然如此,但制造商总是偏好动态定价合约。在动态定价合约下,第一期的边际利润及销量较高,尽管第二期边际利润有可能降低,但销量增加能够保证整体利润是增加的。命题3.4(ii)的结论也进一步验证了安南德等(Anand et al.,2008)和罗伊等(Roy et al.,2019)的结论,即制造商总是能从零售商的战略库存行为中受益。

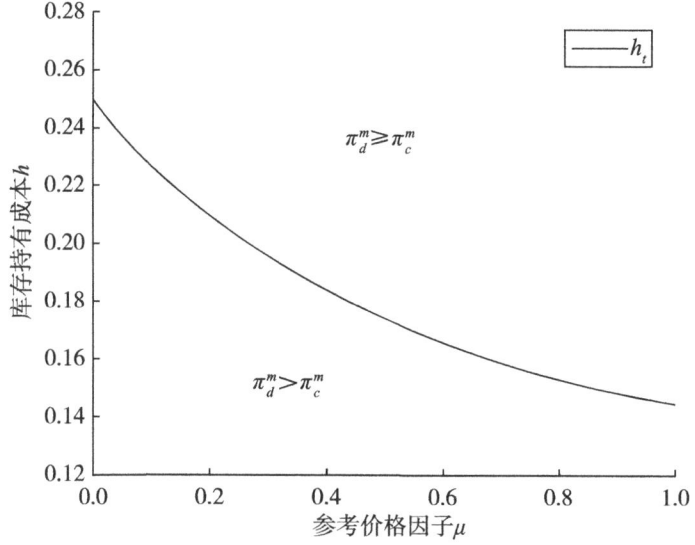

图3-3 制造商在两种合约下的利润比较

命题3.4(iii)的结论也很直观,当参考价格效应较低时,若库存持有成本较低或较高时,制造商与零售商均偏好动态定价合约,因此整体供应链偏好动态定价合约。而当库存持有成本处于中间值时,此时零售商在价格承诺合约下利润更高,制造商在动态定价合约下的利润更高,相对于价格承诺合约,由于动态定价合约下需要承担库存持有成本,从而供应链更偏好价格承诺合约,这一点与安南德等(Anand et al.,2008)类似。图3-4给出了整体供应链对合约的偏好,从中可以发现,只有当参考价格效应较低且库存持有成本在一定的取值范围内时,供应链才会偏好价格承诺合约。

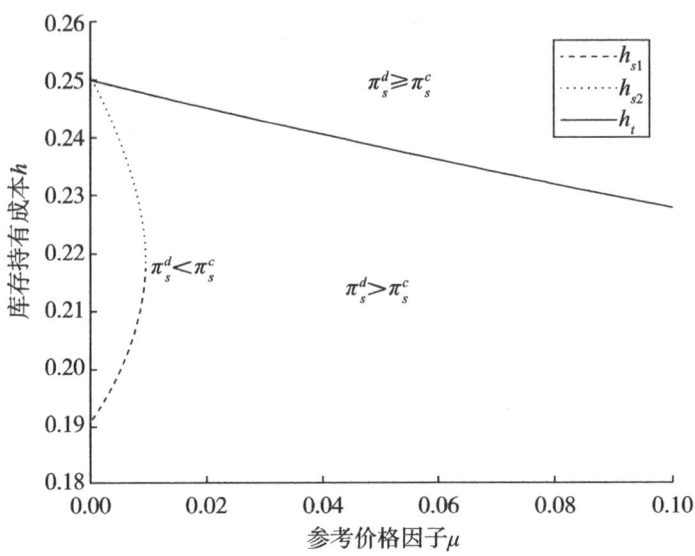

图 3-4　整体供应链对合约下的利润比较

麦提等（Maiti et al., 2017）的结论表明，当零售商不持有库存时，相对于价格承诺合约，动态定价合约下供应链成员的利润更高、供应链的效率更高。结合命题 3.4（i）～（iii）可知，当库存持有成本较高，零售商不持有战略库存时，零售商与制造商在动态定价合约下的利润更高，整体供应链在动态定价合约下的效率更高，这也与麦提和吉里（Maiti, Giri, 2017）中的观点一致。与麦提和吉里（Maiti, Giri, 2017）不同的是，本书的结论表明，当库存持有成本较低、零售商持有战略库存时，虽然战略库存始终能为制造商带来更高的利润，但有可能会损害零售商的利润，降低渠道效率。这也意味着，当零售商具有库存持有能力时，动态定价合约未必是零售商与整体供应链的最优选择。

3.5　库存持有成本内生时零售商的战略库存决策

第 3.3 节的分析中假设库存持有成本与产品的价值无关，事实上，单位库存持有成本 h 也可能与产品价值（单位购买成本）呈正相关（Ouyang et al., 2008；Alfares, Ghaithan, 2016），通常可表示为产品价值的一定百分比。在本节模型中，产品价值或单位购买成本即为第一期的批发价 w_1（Ouyang et al., 2008; Alfares et al., 2016），令零售商的库存持有成本为 $h = \beta w_1$，其中 $\beta \in [0,1)$。在此情形下，仍然分别考虑动态定价与价格承诺两种合约形式。

与3.2节类似，在动态定价合约下，应有 $I \leq (a + \mu p_1)/2$，因此制造商与零售商第二期最优的利润为

$$\pi_{m2}^* = \frac{(a + \mu p_1 - 2I)^2}{8(1 + \mu)} \tag{3-36}$$

$$\pi_{r2}^* = \frac{a^2 + 2(\mu p_1 + 6I)a + \mu^2 p_1^2 + 12\mu p_1 I - 12I^2}{16(1 + \mu)} \tag{3-37}$$

相应地，零售商和制造商的总利润分别为 $\pi_r = (a - p_1)(p_1 - w_1) - w_1 I - \beta w_1 I + \pi_{r2}^*$ 和 $\pi_m = w_1(a - p_1 + I) + \pi_{m2}^*$。给定批发价 w_1，由于 π_r 是关于 (q_1, I) 的联合凹函数，最大化零售商的利润，有引理3.2。

引理3.2 给定批发价 w_1。

（1）当 $w_1 \leq \tilde{w}_t$ 时，零售商第一期的最优决策为

$$p_1^d = \frac{[-(1+\beta)\mu^2 + (1-\beta)\mu + 2]w_1 + (3\mu + 2)a}{4 + 4\mu - 4\mu^2} \tag{3-38}$$

$$I^d = \frac{6(2+\mu)a + (1+\beta)\mu^2 - (16\beta + 10)\mu - 16(1+\beta)}{6(4 + 4\mu - 4\mu^2)} \tag{3-39}$$

（2）当 $w_1 > \tilde{w}_t$ 时，零售商第一期的最优决策为

$$p_1^d = \frac{(9\mu + 8)a + 8(1 + \mu)w_1}{16 + 16\mu - \mu^2}, I^d = 0 \tag{3-40}$$

其中

$$\tilde{w}_t = \frac{6(2+\mu)a}{-(1+\beta)\mu^2 + (16\beta + 10)\mu + 16(1+\beta)} \tag{3-41}$$

证明：类似于引理3.1的证明，故略。

将零售商最优的决策 (p_1^d, I^d) 代入制造商的利润函数中，命题3.5给出了制造商在第一期的最优决策。

命题 3.5 在动态定价合约下，制造商第一期最优的批发价 w_1^d 为

$$w_1^d = \begin{cases} \dfrac{36a}{(4\beta^2+5\beta+1)\mu^2-(16\beta^2+2\beta+4)\mu-16\beta^2+16\beta+68} & (\beta < \beta_t) \\ \dfrac{1}{32}\dfrac{(\mu^3-8\mu^2+144\mu+128)a}{8+8\mu-\mu^2} & (\beta \geq \beta_t) \end{cases}$$

(3-42)

其中

$$\beta_t = \frac{(\mu^2+16\mu+128)(5\mu^2-2\mu+16)-3\sqrt{\mu^2+16\mu+128}(\mu+14)\mu^2}{8(\mu^2+16\mu+128)(-\mu^2+4\mu+4)}$$

(3-43)

证明：（1）当 $w_1 \leq \tilde{w}_t$ 时，易证 $\pi_m = w_1(a-p_1+I) + \pi_{m2}^*$ 是关于 w_1 的凹函数，由 $\partial \pi_m / \partial w_1 = 0$ 即可得到无约束条件下制造商第一期的最优批发价为

$$w_1^d = w_1^{d1} = \frac{36a}{(4\beta^2+5\beta+1)\mu^2-(16\beta^2+2\beta+4)\mu-16\beta^2+16\beta+68}$$

(3-44)

可以验证，当 $\beta \leq \beta_1$ 时，$w_1^d \leq \tilde{w}_t$ 满足约束条件，此时制造商的利润为

$$\pi_m^d = \frac{72(1+\mu)a^2}{[(4\beta^2+5\beta+1)\mu^2-(16\beta^2+2\beta+4)\mu-16\beta^2+16\beta+68](-\mu^2+4\mu+4)}$$

(3-45)

当 $\beta > \beta_1$ 时，最优的批发价应取边界值，即 $w_1^d = \tilde{w}_t$，此时在制造商的利润为

$$\pi_m^d = \frac{2(2+\mu)(1+\mu)((4\beta^2+5\beta+1)\mu+8\beta^2+40\beta+14)a^2}{(-(1+\beta)\mu^2+(16\beta+10)\mu+16+16\beta)^2}$$ (3-46)

其中

$$\beta_1 = \frac{-5\mu^3-14\mu^2+84\mu+64-\sqrt{\mu^6+12\mu^5-36\mu^4-304\mu^3+784\mu^2+2048\mu+1024}}{8(-\mu^3+2\mu^2+12\mu+8)}$$

(3-47)

（2）当 $w_1 > \tilde{w}_t$ 时，同理可得在无约束条件下制造商第一期最优的批

发价为

$$w_1^d = w_1^{d2} = \frac{1}{32} \frac{(\mu^3 - 8\mu^2 + 144\mu + 128)a}{8 + 8\mu - \mu^2} \quad (3-48)$$

易证当 $\beta > \beta_2 = \frac{-\mu^3 + 2\mu^2 + 64}{\mu^3 - 8\mu^2 + 144\mu + 128}$ 时，$w_1^d > \tilde{w}_t$ 满足约束条件，此时制造商的利润为

$$\pi_m^d = \frac{(1+\mu)(\mu^2 + 16\mu + 128)a^2}{64(8 + 8\mu - \mu^2)} \quad (3-49)$$

否则，当 $\beta \leq \beta_2$ 时，w_1^d 应取边界，即 $w_1^d = \tilde{w}_t$，此时制造商的利润为

$$\pi_m^d = \frac{2(2+\mu)(1+\mu)((4\beta^2 + 5\beta + 1)\mu + 8\beta^2 + 40\beta + 14)a^2}{(-(1+\beta)\mu^2 + (16\beta + 10)\mu + 16 + 16\beta)^2} \quad (3-50)$$

比较情形（1）与情形（2）下制造商的利润，存在 $\beta_t \in [\beta_2, \beta_1]$，使得当 $\beta < \beta_t$ 时，制造商第一期批发价为 $w_1^d = w_1^{d1}$，其利润最高。当 $\beta \geq \beta_t$ 时，制造商第一期的批发价为 $w_1^d = w_1^{d2}$ 时，其利润最高。综合以上结果，可得命题结论。

表 3-3 给出了在动态定价合约下供应链成员的最优决策。由表 3-3 可知，在 β 较小时，单位库存持有成本相对较小，此时零售商会战略性地持有库存；而在 β 较大时，单位库存持有成本相对较大，此时零售商不会持有库存。值得注意的是，在库存持有成本可变时，供应链成员最优的决策在 $\beta = \beta_t$ 处不连续。

推论 3.6 β_t 随着 u 增加而单调递减，即 $\partial \beta_t / \partial \mu < 0$。

随着 u 增加，参考价格效应更显著，零售商持有库存的意愿降低。因此，只有当 β_t 较小时，零售商才愿意持有库存。如图 3-5 所示，当 $0.29 \leq \beta \leq 1/2$，只要 u 足够高，即参考价格效应足够明显时，零售商就不会持有库存。而当 $\beta < 0.29$ 时，库存持有成本相对较小，即便参考价格效应较为显著，零售商也愿意持有库存。2016 年陈建岭认为对应于实际生产中，库存费用占库存物品价格的 20%~40%，因此企业在制定战略库存决策应充分考虑参考价格效应。

表 3-3 动态定价合约下供应链成员的最优决策

	$\beta < \beta_t$	$\beta \geq \beta_t$
w_1^d	$\dfrac{36a}{(4\beta^2+5\beta+1)\mu^2-(16\beta^2+2\beta+4)\mu-16\beta^2+16\beta+68}$	$\dfrac{(\mu^3-8\mu^2+144\mu+128)a}{32(8+8\mu-\mu^2)}$
q_1^d	$\dfrac{[(8\beta^2+13\beta+5)\mu^2-(32\beta^2+34\beta+20)\mu-16\beta^2-16\beta+52](1+\mu)a}{[(4\beta^2+5\beta+1)\mu^2-(16\beta^2+2\beta+4)\mu-16\beta^2+16\beta+68](4+4\mu-\mu^2)}$	$\dfrac{(8+5\mu-3\mu^2)a}{4(8+8\mu-\mu^2)}$
s_1^d	$\dfrac{-(4\beta^2+5\beta+1)\mu^3+(24\beta^2+12\beta+6)\mu^2+(-16\beta^2+16\beta-40)\mu-16\beta^2-32\beta^2+32\beta+64}{[(4\beta^2+5\beta+1)\mu^2-(16\beta^2+2\beta+4)\mu-16\beta^2+16\beta+68](4+4\mu-\mu^2)}(1+\mu)a$	$\dfrac{(8+5\mu-3\mu^2)a}{4(8+8\mu-\mu^2)}$
p_1^d	$\dfrac{[(12\beta^2+15\beta+3)\mu^3-(40\beta^2+32\beta+46)\mu^2+(-80\beta^2+8\beta+232)\mu-32\beta^2+32\beta+208]a}{[(4\beta^2+5\beta+1)\mu^2-(16\beta^2+2\beta+4)\mu-16\beta^2+16\beta+68](4+4\mu-\mu^2)}$	$\dfrac{(24+27\mu-\mu^2)a}{4(8+8\mu-\mu^2)}$
I^d	$\dfrac{(4\beta^2+5\beta+1)\mu^3+(-8\beta^2+14\beta+4)\mu^2-(48\beta^2+84\beta)\mu-32\beta^2-64\beta+40}{[(4\beta^2+5\beta+1)\mu^2-(16\beta^2+2\beta+4)\mu-16\beta^2+16\beta+68](4+4\mu-\mu^2)}(1+\mu)a$	0
w_2^d	$\dfrac{24(1+\beta)a}{(4\beta^2+5\beta+1)\mu^2-(16\beta^2+2\beta+4)\mu-16\beta^2+16\beta+68}$	$\dfrac{(32+24\mu-\mu^2)a}{8(8+8\mu-\mu^2)}$
q_2^d	$\dfrac{12(1+\mu)(1+\beta)a}{(4\beta^2+5\beta+1)\mu^2-(16\beta^2+2\beta+4)\mu-16\beta^2+16\beta+68}$	$\dfrac{(32+24\mu-\mu^2)(1+\mu)a}{16(8+8\mu-\mu^2)}$
s_2^d	$\dfrac{(4\beta^2+5\beta+1)\mu^3+(-8\beta^2+2\beta-8)\mu^2-(48\beta^2+36\beta-48)\mu-32\beta^2-16\beta+88}{[(4\beta^2+5\beta+1)\mu^2-(16\beta^2+2\beta+4)\mu-16\beta^2+16\beta+68](4+4\mu-\mu^2)}(1+\mu)a$	$\dfrac{(32+24\mu-\mu^2)(1+\mu)a}{16(8+8\mu-\mu^2)}$
p_2^d	$\dfrac{[(4\beta^2+5\beta+1)\mu^3-(8\beta^2+22\beta+32)\mu^2-(48\beta^2-60\beta-144)\mu-32\beta^2+80\beta+184]a}{[(4\beta^2+5\beta+1)\mu^2-(16\beta^2+2\beta+4)\mu-16\beta^2+16\beta+68](4+4\mu-\mu^2)}$	$\dfrac{3(32+24\mu-\mu^2)a}{16(8+8\mu-\mu^2)}$
π_r^d	$\dfrac{2[(\beta+1)^2(4\beta+1)^2\mu^4-2(\beta+1)(4\beta+1)(16\beta^2+11\beta+4)\mu^3+2(\beta+1)(64\beta^3+24\beta^2+135\beta+13)\mu^2+\dfrac{8(\beta+1)(4\beta+1)(16\beta^2-7\beta-5)\mu+256\beta^4+64\beta^3-480\beta^2+304\beta+1240}{[(4\beta^2+5\beta+1)\mu^2-(16\beta^2+2\beta+4)\mu-16\beta^2+16\beta+68]^2(-\mu^2+4\mu+4)}(1+\mu)]a^2}{}$	$\dfrac{(1+\mu)(4+\mu)(7\mu^3-92\mu^2+448\mu+512)a^2}{256(8+8\mu-\mu^2)^2}$
π_m^d	$\dfrac{72(1+\mu)a^2}{[(4\beta^2+5\beta+1)\mu^2-(16\beta^2+2\beta+4)\mu-16\beta^2+16\beta+68](-\mu^2+4\mu+4)}$	$\dfrac{(1+\mu)(\mu^2+16\mu+128)a^2}{64(8+8\mu-\mu^2)}$

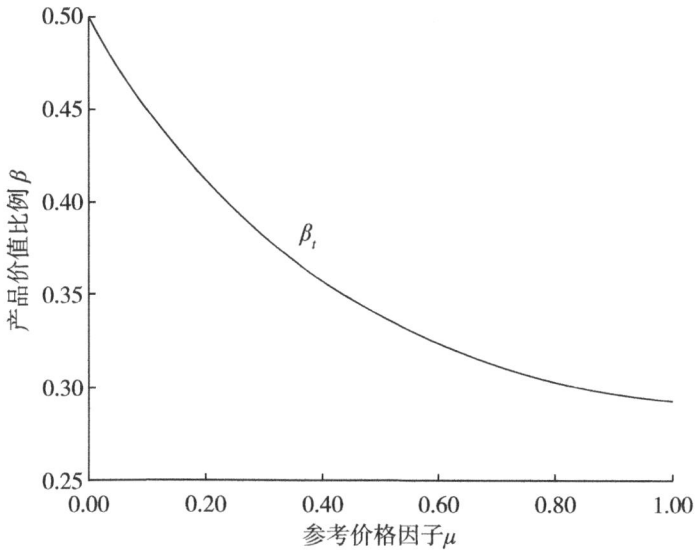

图3-5 参考价格效应因子 μ 对 β_t 的影响

下面分析价格承诺合约下供应链成员的最优决策。类似于命题3.1，有如下结果（其证明略）。

命题3.6 在价格承诺合约下，制造商的最优决策为 $(w_1^c, w_2^c) = (a/2, a/2)$。零售商的最优决策分别为

$$p_1^c = \frac{(6+7\mu-\mu^2)a}{2(4+4\mu-\mu^2)}, p_2^c = \frac{(6+5\mu-\mu^2)a}{2(4+4\mu-\mu^2)} \quad (3-51)$$

$$q_1^c = \frac{(2+\mu-\mu^2)a}{2(4+4\mu-\mu^2)}, q_2^c = \frac{(2+3\mu+\mu^2)a}{2(4+4\mu-\mu^2)}, I^c = 0 \quad (3-52)$$

零售商与制造商最优的利润分别为

$$\pi_r^c = \frac{(1+\mu)(4+\mu)(7\mu^3-92\mu^2+448\mu+512)a^2}{256(8+8\mu-\mu^2)^2} \quad (3-53)$$

$$\pi_m^c = \frac{(1+\mu)(\mu^2+16\mu+128)a^2}{64(8+8\mu-\mu^2)} \quad (3-54)$$

命题3.1和命题3.6说明，在价格承诺合约下，零售商无法通过持有库存迫使制造商降低第二期的批发价，零售商始终不会持有库存。但是，当单位库存持有成本是产品价值的百分比时，零售商与整体供应链对两种

定价合约的偏好与常数的单位库存持有成本的情形是不同的。

命题 3.7 零售商、制造商及整体供应链总是偏好动态定价合约。

证明：分两种情形讨论。情形 1：$\beta \geq \beta_t$。由命题 3.4 的证明可得，供应链成员在动态定价合约下的利润的更高。

情形 2：$\beta \leq \beta_t$。对于制造商的来说，由命题 3.5 及情形 1 的证明可知，$\pi_m^d > \dfrac{(1+\mu)(\mu^2+16\mu+128)a^2}{64(8+8\mu-\mu^2)} \geq \pi_m^c$，因此制造商在动态定价合约下的利润最高。对于零售商来说，在两种合约下的利润之差为

$$\pi_r^d\big|_{\beta \leq \beta_t} - \pi_r^c =$$

$$\frac{3}{2} \frac{-(10\beta+1)(\mu-\mu_1)(\mu-\mu_2)(1+\mu)a^2}{[(4\mu^2-16\mu-16)\beta^2+(5\mu^2-2\mu+16)\beta+\mu^2-4\mu+68]^2}$$

$$(3-55)$$

其中 $\mu_{1,2} = \dfrac{8\beta^2+4\beta+2 \pm 4\sqrt{8\beta^4+8\beta^3+3\beta^2-4\beta+2}}{(4\beta+1)(\beta+1)}$，易证 $\mu_1\big|_{\beta \leq 1} > 2$，$\mu_2 < 0$，因此 $\pi_r^d > \pi_r^c$，零售商在动态定价合约下的利润最高，从而整体供应链也是偏好动态定价合约。综上所述，结论得证。

命题 3.7 说明，在零售商库存持有成本与产品价值线性相关时，供应链成员在动态定价合约下的利润更高，这也进一步拓展了阿莉娅和米滕多夫（Arya，Mittendorf，2013）和麦根和吉里（Maiti，Giri，2017）的结论。在动态定价合约下，当 β 较小时，零售商持有战略库存，相对于价格承诺合约，零售商持有库存不仅能增加自身利润，而且对制造商也是有利的，这一点与文献（Anand et al.，2008；Arya，Mittendorf，2013）的发现不同。这说明当零售商的单位库存持有成本与产品价值相关时，战略库存能够缓解双重边际效用，改进供应链协调，实现供应链成员的双赢。

3.6 本章小结

随着互联网技术的不断发展，消费者可以借助一些类似"购物助手"

的软件轻松地获取商品的历史价格及未来价格趋势。基于历史价格形成的参考价格成为消费者评估产品以作出购买决策的重要影响因素，本章探讨了在消费者效用受到参考价格影响时零售商的战略库存行为，以及参考价格效应和库存持有成本对供应链成员决策及利润的影响。其研究结果如下。

在动态定价合约下，当库存持有成本较低，零售商会持有库存；随着参考价格效应增加，零售商的战略库存意愿降低，参考价格效应抑制了零售商战略库存行为；由于存在参考价格效应，当库存持有成本不是太低时，零售商在第二期的订购量总是会高于第一期的订购量。价格承诺合约能够完全消除战略库存。通过比较供应链成员在两种合约下的利润可以发现，动态定价合约始终是制造商最优的选择。零售商及整体供应链对合约的偏好取决于参考价格因子和库存持有成本。当参考价格效应较低，零售商持有库存战略时，零售商与整体供应链可能在价格承诺合约下获得更高的利润。当参考价格效应较高，无论是否存在战略库存，动态定价合约都能够提升零售商与整体供应链的利润。最后，对于单位库存持有成本与产品价值线性相关的情形，得到的结果是类似的，如零售商仍有可能在库存持有成本较低时持有战略库存。但是，在此情形下所有的供应链成员均偏好动态定价合约，战略库存并不会损害零售商与供应链的利润。

4 考虑学习效应下的战略库存研究

本章旨在研究生产学习效应对零售商战略库存行为的影响。我们建立了两阶段的动态决策模型，其中生产学习效应会导致制造商的第二期生产成本的下降，分别得到在动态定价合约与价格承诺合约下供应链成员的最优决策，分析生产学习效应与库存持有成本对最优决策的影响，通过比较两种合约下的供应链成员的利润，探讨零售商的战略库存行为如何影响供应链成员对合约的选择。最后，我们进一步地考虑科技进步及库存的可观测性等因素对战略库存的影响，并分析以上因素对供应链成员利润的影响。

本章内容安排如下：4.1 节介绍本章问题的研究背景；4.2 节对研究问题进行建模，给出相应的模型假设及需求函数，并对其合理性进行说明；4.3 节分别给出了价格承诺合约与动态定价合约下供应链成员的最优决策，并探讨了生产学习效应对最优决策的影响；4.4 节对两种合约下的最优决策进行了比较，给出了零售商、制造商及供应链对合约的偏好，并给出相应的管理意义；4.5 节探讨了库存不可观测性对战略库存的影响；4.6 节探讨了当科技进步能够带来的成本下降时，零售商的战略库存行为；4.7 节对本章的研究内容及主要结论进行了总结。

4.1 研究背景

在过去几十年中，飞机制造、汽车装配、服装制造、大型乐器的生产和半导体制造等众多制造业都被观察到存在生产学习效应（Li et al.,

2015）。随着产品累计产量的增加，工人越来越熟悉他们的工作，在经验积累的同时更好地了解如何改进生产流程，从而使单位生产成本有一定比例的降低。莱特（Wright，1936）最早发现了生产学习效应，他观察到航空制造业的生产中单位劳动力成本随着累积产量的增加以恒定速率下降。在分散的供应链中，供应链参与者往往以最大化自身利润为原则制定决策，这可能导致渠道的效率低下，产生双重边际化效应（Spengler，1950）。特别是存在生产学习效应时，双重边际化效应加剧（Li et al.，2015）。在对战略库存的研究中发现，动态定价合约下的零售商会提高第一期产品的订购量，并将剩余库存转移到第二期进行售卖。零售商这种战略性地持有库存在一定程度上能够缓解双重边际化效应，提高供应链效率（Anand et al.，2008）。但以往关于战略库存的文献均假定制造商两期的成本固定保持不变，在制造商存在生产学习效应时，研究零售商的战略库存行为具有一定的现实背景。具体来讲，本书的研究问题主要有：①当生产学习效应导致制造商的第二期的生产成本下降时，零售商的订购量与战略库存决策是怎样的？②在生产学习效应变化时，供应链成员的均衡决策是如何变化的？③生产学习效应与战略库存行为如何影响供应链成员对合约的偏好？④特别地是当存在科技进步或零售商的库存不可观测时，零售商的战略库存决策是怎样的？

与安南德等（Anand et al.，2008）和罗伊等（Roy et al.，2019）的研究不同的是，本章假定制造商存在生产学习效应，由于两期的单位生产成本不同，零售商的战略库存决策会受到生产学习效应的影响；同样，战略库存水平及第二期的生产成本会共同影响第二期的批发价。李等（Li et al.，2015）研究了生产学习效应不确定时制造商的库存与定价决策，零售商并没有库存持有能力，其结论也表明由于生产学习效应的不确定性或市场基本需求的波动性，当库存持有成本较低时，制造商为了降低第二期的生产成本会持有部分库存。本章主要探讨生产学习效应对零售商战略库存行为的影响,且制造商的生产通常只是为了满足当前需求而不是为了建立库存。与舒姆等(Shum et al.,2016)的研究中假定顾客具有战略等待性不同的是,本章假定顾客是短视的,即顾客的购买决策仅受到当期产品价格的影响。

4.2 模型描述

考虑包含一个制造商与一个零售商的二级供应链,销售周期为两期,并且每个销售周期内由零售商销售给终端的顾客。假定两期的市场需求固定且保持不变,与文献(Arya,Mittendorf,2007;Li et al.,2013;Yang et al.,2017)等类似,本章采用线性的逆需求函数:

$$p_i = a - s_i \quad (i = 1,2) \quad (4-1)$$

其中 a 为基本市场需求;s_i 和 p_i 分别表示第 i 期产品的销量和市场出清价格。

零售商每期的订购量为 q_i,若零售商将第一期未出售的库存 $I(I \leq q_1 - s_1)$ 转移到第二期进行售卖,需花费的单位库存持有成本为 $h(h \geq 0)$。否则,未出售的库存将按残值处理。

不失一般性,本书假定制造商和零售商均为风险中性,零售商与制造商的单位销售成本为 0(在制造商/零售商的销售成本大于零时不会影响本章的主要结论),产品的残值为 0。制造商在第一期的单位生产成本为 $c_1 = c$,由于存在生产学习效应,制造商在第二期的生产成本下降为 $c_2 = c - \beta q_1$,$\beta(\beta > 0)$ 为制造商生产学习带来的的成本下降率,β 越大,生产学习效应越显著,第二期的单位生产成本越低。由于第一期零售商的订购量不会超过两期的总市场需求 $2a$,为保证制造商第二期的生产成本非负,与李等(Li et al.,2016)的文献类似,这里假定 $c - 2\beta a > 0$。这种线性的生产学习模型在文献中很常见(Jin et al.,2004;Shum et al.,2016;Basu et al.,2018;Zhang,Zhang,2018)。

在动态定价合约下，事件决策的顺序为：①第一期销售季来临前，制造商首先决定批发价 w_1；②零售商在观测到批发价后决定第一期的订购量 q_1 及销量 $s_1(s_1 \leq q_1)$，并将剩余库存 I 转移到第二期；③在第二期开始前，制造商根据生产成本及零售商的持有库存 I 决定第二期的批发价；④零售商根据批发价 w_2 及持有库存 I 决定第二期的订购量 q_2 及销量 $s_2(s_2 \leq q_2 + I)$。

与安南德等（Anand et al., 2008）和曼丁和蒋（Mantin, Jiang, 2017）的研究类似，本章主要考虑动态定价及价格承诺两种定价合约。在动态定价合约下，事件决策的顺序为：①第一期销售季来临前，制造商首先决定产品的批发价 w_1；②零售商在观测到批发价后决定第一期的订购量 q_1 及销量 $s_1(s_1 \leq q_1)$，并将剩余库存 I 转移到第二期；③在第二期开始前，制造商根据第二期的生产成本及零售商的库存水平 I 决定第二期的批发价 w_2；④零售商根据批发价 w_2 及持有库存 I 决定第二期的订购量 q_2 及销量 $s_2(s_2 \leq q_2 + I)$。相应地，在价格承诺合约下，制造商在第一期的销售季来临前，同时决策两期的批发价 (w_1, w_2)，随后零售商在观测到两期的批发价后决定两期的订购量及销量。

4.3 模型分析

在本节中，分别在动态定价合约与价格承诺合约下探讨零售商的战略库存行为，并分析库存持有成本及生产学习效应对最优决策的影响。

4.3.1 动态定价合约

在第二期销售季来临前，零售商持有库存水平为 I，在观测到批发价 w_2 后决定第二期的订购量 q_2，以及销量 $s_2(s_2 \leq q_2 + I)$，此时零售商第二期的利润 π_{r2} 为

$$\pi_{r2} = (a - s_2)s_2 - w_2 q_2 \qquad (4-2)$$

容易验证零售商的库存水平 I 不是太高，且满足 $I \leq a/2$（Roy et al., 2018），最大化 $\pi_{r2}(q_2)$，由 $\partial \pi_{r2}(q_2)/\partial q_2 = 0$ 即可得到零售商第二期的最

优订购量为

$$q_2^d = \left[\frac{a-w_2}{2} - I\right]^+ \quad (4-3)$$

零售商第二期的最优利润为

$$\pi_{r2} = \begin{cases} (a-w_2)^2/4 + w_2 I & (w_2 < a-2I) \\ (a-I)I & (w_2 \geqslant a-2I) \end{cases} \quad (4-4)$$

相应地,均衡状态下制造商第二期的最优利润为

$$\pi_{m2} = \begin{cases} (w_2-c_2)(a-w_2-2I)/2 & (w_2 < a-2I) \\ 0 & (w_2 \geqslant a-2I) \end{cases} \quad (4-5)$$

最大化制造商第二期的利润 $\pi_{m2}(w_2)$,有引理 4.1。

引理 4.1 在均衡状态下,制造商第二期最优的批发价为

$$w_2^d = \begin{cases} \dfrac{a+c_2}{2} - I & \left(I \leqslant \dfrac{a-c_2}{2}\right) \\ c_2 & \left(I > \dfrac{a-c_2}{2}\right) \end{cases} \quad (4-6)$$

证明:分两种情况讨论。情形 1:当 $w_2 \geqslant a-2I$ 时,$q_2^d = 0$,即零售商不在第二期继续购买,此时制造商在第二期的利润为 0。

情形 2:当 $w_2 < a-2I$ 时,此时 $q_2^d > 0$,零售商总会在第二期订购产品。不难得出 $\pi_{m2}(w_2)$ 是关于 w_2 的凹函数,在无约束条件下,由 $\partial \pi_{m2}/\partial w_2 = 0$ 即可得到制造商第二期最优的批发价 $w_2^d = (a+c_2-2I)/2$。若 $I < (a-c_2)/2$,则 w_2^d 满足约束条件 $w_2 < a-2I$,且满足 $w_2 \geqslant c_2$;若 $I \geqslant (a-c_2)/2$,制造商最优的批发价应取边界 $w_2^d = \max(a-2I, c_2) = c_2$,此时制造商的利润为 0,综上即证。

由引理 4.1,在均衡状态下,零售商与制造商在第二期的利润分别为

$$\pi_{r2}^* = \begin{cases} \dfrac{(a+2I-c_2)^2 + 8I(a-I)}{16} & \left(I \leqslant \dfrac{a-c_2}{2}\right) \\ (a-I)I & \left(I > \dfrac{a-c_2}{2}\right) \end{cases} \quad (4-7)$$

$$\pi_m^* = \begin{cases} \dfrac{(a+2I-c_2)^2}{8} & \left(I \leqslant \dfrac{a-c_2}{2}\right) \\ 0 & \left(I > \dfrac{a-c_2}{2}\right) \end{cases} \qquad (4-8)$$

相应地，零售商和制造商的总利润分别为

$$\pi_r(q_1, I) = (a-s_1)s_1 - w_1 q_1 - hI + \pi_{r2}^* \qquad (4-9)$$

$$\pi_m(w_1) = (w_1 - c)q_1 + \pi_{m2}^* \qquad (4-10)$$

给定批发价 w_1，不难得出 $\pi_r(q_1, I)$ 是关于 (q_1, I) 的联合凹函数，最大化零售商的利润，有引理 4.2。

引理 4.2 给定第一期的批发价 w_1。

（i）若 $w_1 < w_t$，零售商的最优决策为

$$s_1^d = \frac{(12+4\beta)a + (2\beta - \beta^2)h - 2\beta c - (12+2\beta)w_1}{4(6+2\beta - \beta^2)} \qquad (4-11)$$

$$I = \frac{12a - (16-2\beta)w_1 + 2(2-\beta)c - (16-\beta^2)h}{4(6+2\beta - \beta^2)} \qquad (4-12)$$

（ii）若 $w_1 \geqslant w_t$，零售商的最优决策为

$$s_1^d = \frac{(8+\beta)a - \beta c - 8w_1}{16 - \beta^2}, \quad I = 0 \qquad (4-13)$$

其中

$$w_t = \frac{12a + (4-2\beta)c - (16-\beta^2)h}{2(8-\beta)} \qquad (4-14)$$

证明： 分两种情形讨论。情形 1：当 $0 \leqslant I < (a-c_2)/2$ 时，容易验证 $\pi_r(s_1, I)$ 是关于 (s_1, I) 的联合凹函数，联立方程组 $\partial \pi_r / \partial s_1 = 0$ 与 $\partial \pi_r / \partial I = 0$ 即可得到在无约束条件下零售商的最优决策为式（4-2）和式（4-3）。若 $w_1 \leqslant w_t = \dfrac{12a + (4-2\beta)c - (16-\beta^2)h}{2(8-\beta)}$，最优解在可行域内，零售商的最优决策为式（4-3）和式（4-4）。若 $w_1 > w_t$，最优解在边界 $I=0$ 处取得，联立 $I=0$ 及 $\partial \pi_r / \partial s_1 = 0$ 即可求得制造商的最优决策为

$$(s_1^d, I^d) = \left(\frac{(8+\beta)a - \beta c - 8w_1}{16 - \beta^2}, 0\right) \qquad (4-15)$$

情形 2：当 $I \geq \dfrac{a-c_2}{2}$ 时，在无约束条件下最大化零售商的利润，即可得到零售商的最优决策为

$$(s_1^d, I^d) = \left(\dfrac{a-w_1}{2}, \dfrac{a-w_1-h}{2}\right) \qquad (4-16)$$

又 $w_1 \geq c > \dfrac{2(c-\beta a)-(2-\beta)h}{2(1-\beta)}$，因此最优解在边界 $I = (a-c_2)/2$ 处取得，由 $\partial \pi_r / \partial s_1 = 0$ 可求得零售商第一期的销量为

$$s_1^d = \dfrac{4(1-\beta)a + \beta c - \beta(2-\beta)h - (4-2\beta)w_1}{4(2-2\beta+\beta^2)} \qquad (4-17)$$

最后，比较 $0 \leq I < \dfrac{a-c_2}{2}$ 与 $I \geq \dfrac{a-c_2}{2}$ 两种情形下零售商的最优利润，引理 4.1 得证。

引理 4.1 说明，当且仅当第一期的批发价 w_1 低于 w_t 时，零售商才有动机持有库存，批发价或库存持有成本 h 越低，零售商持有库存水平 I 越高。将 (q_1^d, I^d) 代入制造商的总利润方程 $\pi_m(w_1)$ 中并对其最大化，有如下命题。

命题 4.1 在动态定价合约下，制造商第一阶段最优的批发价为

$$w_1^d = \begin{cases} \dfrac{2A_1 a + 2A_2 c - (\beta^3 - 26\beta^2 + 58\beta + 16)h}{4(-15\beta^2 + 30\beta + 34)} & (0 \leq h < h_1^d) \\ \dfrac{12a + (4-2\beta)c - 16h}{2(8-\beta)} & (h_1^d \leq h < h_2^d) \\ \dfrac{A_3 a + A_4 c}{32(8-\beta^2)} & (h \geq h_2^d) \end{cases}$$

$$(4-18)$$

其中 $A_1 = -\beta^3 - 20\beta^2 + 34\beta + 36$，$A_2 = \beta^3 - 10\beta^2 + 26\beta + 32$，$A_3 = -\beta^3 - 24\beta^2 - 16\beta + 128$，$A_4 = \beta^3 - 8\beta^2 + 16\beta + 128$，$h_1^d = \dfrac{2(\beta^2 + 14\beta + 20)(a-c)}{-31\beta^2 + 32\beta + 160}$，$h_2^d = \dfrac{(\beta^2 + 16\beta + 32)(a-c)}{16(-\beta^2 + 8)}$。

证明: 分两种情况讨论。情形 1：当 $w_1 \leq w_t$ 时，容易验证 $\pi_m(w_1)$ 是关于 w_1 的凹函数，在无约束条件下，最大化制造商的利润 $\pi_m(w_1)$，由 $\partial \pi_m(w_1)/\partial w_1 = 0$ 可得出制造商最优的批发价 w_1^d 为

$$w_1^d = \frac{(-\beta^3 - 20\beta^2 + 34\beta + 36)a + (\beta^3 - 10\beta^2 + 26\beta + 32)c}{4(34 + 30\beta - 15\beta^2)} -$$

$$\frac{(\beta^3 - 26\beta^2 + 58\beta + 16)h}{4(34 + 30\beta - 15\beta^2)} \quad (4-19)$$

若 $h < h_1^d = \frac{2(\beta^2 + 14\beta + 20)(a-c)}{160 + 32\beta - 31\beta^2}$，$w_1^d$ 满足约束条件 $w_1^d < w_t$；当 $h \geq h_1^d$ 时，最优解在其边界 $w_1 = w_t$ 处取得，即制造商的最优批发价为 $w_1^d = w_t$。

情形 2：当 $w_1 \geq w_t$ 时，同理可证，在无约束条件下，制造商最优的批发价

$$w_1^d = \frac{(128 - 16\beta - 24\beta^2 - \beta^3)a + (128 + 16\beta - 8\beta^2 + \beta^3)c}{32(8 - \beta^2)} \quad (4-20)$$

若 $h \geq h_2^d = \frac{(\beta^2 + 16\beta + 32)(a-c)}{16(8 - \beta^2)}$，制造商最优的批发价 w_1^d 满足约束条件 $w_1^d \geq w_t$；若 $h < h_2^d$，制造商最优的批发价 w_1^d 应取边界，即 $w_1^d = w_t$。

最后，通过比较两种情形下制造商最优的利润，即可得到命题 4.1。

表 4-1 给出了动态定价合约下供应链成员的最优决策。由表 4-1 可以得到如下推论。

推论 4.1 在动态定价合约下，(i) 当库存持有成本较低时（$h < h_1^d$），零售商会持有战略库存。

(ii) 当库存持有成本处于中等水平时（$h_1^d \leq h < h_2^d$），零售商库存水平为零，但存在战略库存威胁。

与安南德等（Anand et al., 2008）类似，推论 4.1 表明在制造商存在学习效应时，若库存持有成本 h 较低（$h < h_1^d$），零售商会战略性地持有库存以在第二期获得议价能力，迫使制造商降低第二期的批发价。这也说明了动态定价合约下的制造商无法完全消除零售商的战略库存行为（Gu, 2014）。

表 4 – 1　动态定价合约下供应链成员的最优决策

变量	$h < h_1^d$	$h_1^d \leq h < h_2^d$	$h \geq h_2^d$
w_1^d	$\dfrac{(72 - 2\beta^3 - 40\beta^2 + 68\beta)a + (2\beta^3 - 20\beta^2 + 52\beta + 64)c - (\beta^3 - 26\beta^2 + 58\beta + 16)h}{4(34 + 30\beta - 15\beta^2)}$	$\dfrac{12a + (4 - 2\beta)c - 16h}{2(8 - \beta)}$	$\dfrac{(128 - 16\beta - 24\beta^2 - \beta^3)a}{32(8 - \beta^2)} + \dfrac{(128 + 16\beta - 8\beta^2 + \beta^3)c}{32(8 - \beta^2)}$
s_1^d	$\dfrac{2(32 + 32\beta - \beta^2)(a - c) + (16 + 78\beta - 31\beta^2)h}{8(34 + 30\beta - 15\beta^2)}$	$\dfrac{(a - c) + 4h}{8 - \beta}$	$\dfrac{(3\beta + 8)(a - c) + 3\beta a}{4(8 - \beta^2)}$
I	$\dfrac{2(\beta^2 + 14\beta + 20)(a - c) + (31\beta^2 - 32\beta - 160)h}{8(34 + 30\beta - 15\beta^2)}$	0	0
q_1^d	$\dfrac{(46\beta + 52)(a - c) - (72 - 23\beta)h}{4(34 + 30\beta - 15\beta^2)}$	$\dfrac{a - c + 4h}{8 - \beta}$	$\dfrac{(3\beta + 8)(a - c)}{4(8 - \beta^2)}$
w_2^d	$\dfrac{(48 + 20\beta - 54\beta^2)a + (88 + 100\beta - 6\beta^2)c + (80 + 52\beta - 27\beta^2)h}{4(34 + 30\beta - 15\beta^2)}$	$\dfrac{(4 - \beta)a + 4c - 2h\beta}{8 - \beta}$	$\dfrac{(32 - 8\beta - 7\beta^2)a - (32 + 8\beta - \beta^2)c}{8(8 - \beta^2)}$
q_2^d	$\dfrac{(12 + 18\beta - 2\beta^2)(a - c) + (20 - 5\beta - \beta^2)h}{2(34 + 30\beta - 15\beta^2)}$	$\dfrac{2(a - c) + \beta h}{8 - \beta}$	$\dfrac{(32 + 8\beta - \beta^2)(a - c)}{16(8 - \beta^2)}$
s_2^d	$\dfrac{(88 + 100\beta - 6\beta^2)(a - c) - (80 + 52\beta - 27\beta^2)h}{8(34 + 30\beta - 15\beta^2)}$	$\dfrac{2(a - c) + \beta h}{8 - \beta}$	$\dfrac{(32 + 8\beta - \beta^2)(a - c)}{16(8 - \beta^2)}$
π_r^d	$\dfrac{4(53\beta^4 - 534\beta^3 + 630\beta^2 + 2384\beta + 1240)(a - c)^2}{32(15\beta^2 - 30\beta - 34)^2} + \dfrac{4(53\beta^4 - 212\beta^3 + 350\beta^2 - 276\beta - 944)h(a - c)}{32(15\beta^2 - 30\beta - 34)^2} + \dfrac{(953\beta^4 - 3490\beta^3 - 1782\beta^2 + 7968\beta + 9728)h^2}{32(15\beta^2 - 30\beta - 34)^2}$	$\dfrac{2(5 - \beta)(a - c)^2}{2(8 - \beta)^2} + \dfrac{(16 - \beta^2)h(a - c) + 2(-\beta^2 + 16)h^2}{2(8 - \beta)^2} + \dfrac{28(a - c)^2}{2(8 - \beta)^2} + \dfrac{(\beta^2 + 16\beta + 32)h(a - c) + 8(\beta^2 - 8)h^2}{2(8 - \beta)^2}$	$\dfrac{(7\beta^4 - 48\beta^3 - 176\beta^2}{} + \dfrac{768\beta + 2048)(a - c)^2}{256(8 - \beta^2)^2}$
π_m^d	$\dfrac{4(\beta^2 + 44\beta + 36)(a - c)^2 + 4(\beta^2 - 2\beta - 16)h(a - c) + (\beta^2 - 48\beta + 128)h^2}{- 240\beta^2 + 480\beta + 544}$		$\dfrac{(128 + 48\beta + \beta^2)(a - c)^2}{64(8 - \beta^2)}$

由表 4-1 可知，当库存持有成本 h 处于中等水平时（$h_1^d \leq h < h_2^d$），虽然零售商战略库存水平为零，但供应链成员的最优决策仍与库存持有成本 h 相关，这意味着此时零售商仍具有可信的战略库存威胁（Anand et al., 2008）。这是因为随着库存持有成本 h 增加，零售商持有库存的意愿降低。由于存在生产学习效应，制造商愿意降低第一期的批发价来激励零售商购买更多产品，以在第二期获得更低的生产成本。此时制造商第一期批发价降低的速率与零售商第一期销量增加的速率之间的相互作用导致均衡状态下零售商放弃持有战略库存。当库存持有成本 h 较高时（$h \geq h_2^d$），零售商不再愿意持有战略库存，零售商的库存水平为 0。

推论 4.2 给出了库存持有成本对供应链成员最优决策的影响。

推论 4.2 随着库存持有成本 h 增加，（i）当 $h \in [0, h_1^d)$ 时，$\partial w_1^d/\partial h < 0$，$\partial w_2^d/\partial h > 0$，$\partial q_1^d/\partial h < 0$，$\partial q_2^d/\partial h > 0$，$\partial s_1^d/\partial h > 0$，$\partial s_2^d/\partial h < 0$，$\partial I/\partial h < 0$。

（ii）当 $h \in [h_1^d, h_2^d)$ 时，$\partial w_i^d/\partial h < 0$，$\partial q_i^d/\partial h > 0$，$\partial s_i^d/\partial h > 0$。

（iii）当 $h \in [h_2^d, +\infty)$ 时，供应链成员的最优决策与持有成本 h 无关。

当库存持有成本 h 较低时（$h < h_1^d$），均衡状态下的零售商持有战略库存。随着库存持有成本增加，零售商的战略库存水平降低，从而其第一期的总体订购量减少，销量增加，第二期的订购量增加、总体销量减少。在第一期时，制造商为了激励零售商持有库存，必然会降低第一期的批发价。制造商第二期的批发价上升，一方面是因为战略库存水平的降低使得零售商在第二期的议价能力下降；另一方面第一期订购量的下降导致了第二期生产成本的增加。

当库存持有成本 h 处于中等水平时（$h_1^d \leq h < h_2^d$），均衡状态下零售商的库存水平为零，即零售商在第一期时会出售完所有库存。随着库存持有成本增加，零售商战略库存威胁降低，制造商会持续降低其第一期的批发价，从而零售商第一期的订购量（销量）增加。由于存在生产学习效应，

制造商第二期的单位生产成本降低；相应地，第二期批发价降低，零售商第二期的订购量（销量）增加。

当库存持有成本 h 较高时（$h \geq h_2^d$），制造商不再会降低批发价来吸引零售商持有库存，零售商也不愿意持有战略库存，因此制造商与零售商的决策均与 h 无关。

推论 4.3 给出了生产学习效应对零售商与制造商最优决策的影响。

推论 4.3 随着生产学习效应增加（β 增加），(i) 当 $h \in [0, h_1^d)$ 时，$\partial w_1^d/\partial \beta < 0 \Leftrightarrow h > [h_{\beta w}]^+$，$\partial s_1^d/\partial \beta > 0$，$\partial q_1^d/\partial \beta > 0$，$\partial I/\partial \beta > 0 \Leftrightarrow h > [h_{\beta I}]^+$，$\partial w_2^d/\partial \beta < 0$，$\partial q_2^d/\partial \beta > 0$，$\partial s_2^d/\partial \beta > 0$。

(ii) 当 $h \in [h_1^d, h_2^d)$ 时，$\partial w_1^d/\partial \beta > 0$，$\partial s_1^d/\partial \beta > 0$，$\partial q_1^d/\partial \beta > 0$，$\partial w_2^d/\partial \beta < 0$，$\partial s_2^d/\partial \beta > 0$，$\partial q_2^d/\partial \beta > 0$。

(iii) 当 $h \in [h_2^d, +\infty)$ 时，$\partial w_i^d/\partial \beta < 0$，$\partial s_i^d/\partial \beta > 0$，$\partial q_i^d/\partial \beta > 0$。

其中

$$h_{\beta w} = \frac{2(15\beta^4 - 60\beta^3 - 192\beta^2 - 280\beta + 76)(a-c)}{-15\beta^4 + 60\beta^3 + 192\beta^2 - 1288\beta + 1492} \quad (4-21)$$

$$h_{\beta I} = \frac{4(-60\beta^2 - 167\beta + 31)(a-c)}{225\beta^2 - 1346\beta + 1856} \quad (4-22)$$

当库存持有成本 h 较低时（$h < h_1^d$），零售商会战略性地持有库存。在存在生产学习效应 β 时，制造商一方面希望零售商能够增加产品的订购量以在第二期获得更低的生产成本，另一方面又担心零售商持有过多的战略库存，从而削弱了自身在第二期的垄断程度。当 β 较低时，β 所带来的成本下降幅度较低，若库存持有成本 h 相对较低，由推论 4.2 可知，零售商的战略库存水平较高，因此制造商必然会通过提高第一期的批发价，抑制零售商的战略库存行为，迫使零售商将更多的产品放在第一期售卖，因此有 s_1^d、q_1^d 增加，I 降低；若库存持有成本相对较高，零售商的库存持有意愿相对较低，这时制造商便会降低第一期的批发价吸引零售商订购得更多，且不用担心零售商过多地持有库存，因此有 s_1^d、q_1^d、I 增加。当 β 较高时，β 所

带来的成本下降幅度较高,成本下降带来的正效应相对于垄断力降低带来的负效应占据主导地位,制造商更愿意降低第一期的批发价,从而零售商第一期的订购量、销量及库存水平增加。由于第一期的订购量始终是随着β的增加而增加,由生产学习效应引发的成本下降幅度逐渐增加;相应地,第二期的批发价降低、订购量及销量增加。

当库存持有成本处于中等水平时($h_1^d \leqslant h < h_2^d$),均衡状态下的零售商虽然战略库存水平为零,但仍具有战略库存威胁。由于第二期的单位生产成本相对较低,制造商在第二期的边际利润相对较高,因此制造商不愿意零售商持有库存。随着生产学习效应增加,零售商为了能够在第二期获得较低的批发价,必然会提高的第一期订购量。同时,制造商会继续提高第一期的批发价抑制零售商的战略库存行为,同时零售商仍会增加第一期的订购量来降低第二期的单位生产成本,这时第二期的批发价降低,零售商第二期的订购量(销量)增加。

当零售商不持有库存时($h \geqslant h_2^d$),与李等(Li et al., 2015)中的结论相类似,随着学习效应增加,制造商两期的批发价下降,零售商两期的订购量(销量)增加,这一点也很直观。

推论4.4 阈值$h_i^d(i = 1, 2)$随着生产学习效应β的增加而单调递增,即$\partial h_i^d / \partial \beta > 0$。

随着生产学习效应的增加,零售商在第一期每多订购一单位产品,制造商第二期生产成本下降的幅度就越大。由推论4.3可知,当库存持有成本不是太低时,制造商为了能够在第二期获得更高的成本优势,会通过降低批发价激励零售商多订购产品,第一期批发价的降低也会使得零售商能够承担相对较高的库存持有成本,因此h_1^d、h_2^d增加,这也意味着生产学习效应会激励零售商的战略库存行为。

推论4.5 (i) 当$h < h_1^d$时,$w_1^d > w_2^d, q_1^d > q_2^d, s_1^d < s_2^d$。

(ii) 当$h \geqslant h_1^d$时,$w_1^d > w_2^d, q_1^d < q_2^d, s_1^d < s_2^d$。

推论 4.5（i）说明当零售商持有库存时（$h < h_1^d$），第一期的批发价要高于第二期的批发价。一方面是因为制造商故意提高第一期的批发价来防止零售商持有过多的战略库存（Anand et al., 2008）；另一方面则是学习效应降低了制造商第二期的单位生产成本。即使第二期的批发价相对较低，由于存在战略库存行为，零售商第一期的订购量要高于第二期阶段，第一期的销量低于第二期的销量。

（ii）说明在零售商的战略库存水平为零时，供应链系统中的订购量等于销量。由于第二期单位生产成本相对较低，相应地，制造商第一期的批发价相对较高，零售商第一期的订购量与销量相对较低。动态定价合约下的制造商能够根据单位生产成本灵活调整批发价，因此两期的批发价、销量及订购量均不相同。

4.3.2 价格承诺合约

在价格承诺合约下，零售商和制造商的总利润分别为

$$\pi_r = (a - s_1)s_1 - hI - w_1 q_1 + (a - s_2)s_2 - w_2 q_2 \quad (4-23)$$

$$\pi_m = (w_1 - c)q_1 + (w_2 - c + \beta q_1)q_2 \quad (4-24)$$

最大化制造商和零售商的利润，有命题 4.2。

命题 4.2 在价格承诺合约下，制造商的最优决策为

$$w_i^c = \frac{(2-\beta)a + 2c}{4-\beta} \quad (4-25)$$

零售商的最优决策分别为

$$q_i^c = s_i^c = \frac{a-c}{4-\beta}, \ I = 0, \ i = 1,2 \quad (4-26)$$

零售商、制造商及整体供应链的利润分别为

$$\pi_r^c = \frac{2(a-c)^2}{(4-\beta)^2}, \ \pi_m^c = \frac{(a-c)^2}{4-\beta}, \ \pi_s^c = \frac{(6-\beta)(a-c)^2}{(4-\beta)^2}$$

$$(4-27)$$

证明：与安南德等（Anand et al., 2008）类似，分两种情况讨论。情

情形 1：$w_1 + h \leq w_2$。显然零售商只会在第二期订购，在第二期的订购量 $q_2 = 0$。此时制造商最优的利润为 $\pi_m = (2a - 2c - h)^2/16$。

情形 2：$w_1 + h > w_2$。此时零售商不会持有库存，即 $I = 0$。最大化零售商的利润 π_r，联立方程组 $\partial \pi_r / \partial q_i = 0$，即可得零售商两期最优的订购量 (q_1^c, q_2^c)，将 (q_1^c, q_2^c) 带入制造商的利润方程中，最大化制造商的利润，即可得到制造商最优的批发价 (w_1^c, w_2^c)，且满足 $w_1^c + h > w_2^c$。

最后，对比 $w_1 + h \leq w_2$ 及 $w_1 + h > w_2$ 两种定价策略下制造商的利润，容易验证制造商的最优定价策略满足 $w_1 + h > w_2$。

推论 4.6 （i）在价格承诺合约下，零售商不会持有库存。

（ii）$w_1^c = w_2^c$，$I = 0$，$q_1^c(s_1^c) = q_2^c(s_2^c)$。

推论 4.6（i）表明，在价格承诺合约下，由于产品两期的批发价事先给定，零售商无法通过持有战略库存来迫使制造商战略降价，因此零售商不会持有库存，这一点也与安南德等（Anand et al., 2008）的结论相类似。

推论 4.6（ii）则表明，在第二期成本降低时，价格承诺合约下的批发价仍然保持不变，因此零售商两期的订购量及销量相同。

推论 4.7 随着生产学习效应 β 增加，两期的批发价降低、订购量增加。

由于存在生产学习效应，第一期的订购量会直接影响到第二期的生产成本。当生产学习效应增加时，为在第二期获得更低的生产成本，制造商必然会降低第一期的批发价以促使零售商订购得更多。第一期订购量的增加也会使得第二期的生产成本下降得更多，具有成本优势的制造商第二期的批发价也会随之下降，从而第二期的订购量增加。此外，不难发现制造商与零售商的利润也会随着生产学习效应的增加而增加。

4.4 均衡决策比较

表 4-2 给出了两种合约下零售商与制造商最优决策的比较。这里定义

$$h_s^d = \frac{2(-\beta^3 - 24\beta^2 + 24\beta + 8)(a-c)}{31\beta^3 - 202\beta^2 + 296\beta + 64}, \quad h_q^d = \frac{2(-\beta^3 - 2\beta^2 + 10)(a-c)}{\beta^3 + \beta^2 - 40\beta + 80}。$$

表4-2 动态定价合约与价格承诺合约下均衡决策的比较

变量	$h < h_1^d$	$h_1^d \leqslant h < h_2^d$	$h \geqslant h_2^d$
w_1	$w_1^d > w_1^c$	$w_1^d > w_1^c$	$w_1^d > w_1^c$
q_1	$q_1^d > q_1^c$	$q_1^d > q_1^c$	$q_1^d > q_1^c$
s_1	$s_1^d < s_1^c \Leftrightarrow h < h_s^d$	$s_1^d > s_1^c$	$s_1^d > s_1^c$
w_2	$w_2^d < w_2^c$	$w_2^d < w_2^c$	$w_2^d < w_1^c$
q_2	$q_2^d < q_2^c \Leftrightarrow h < h_q^d$	$q_2^d > q_2^c$	$q_2^d > q_2^c$
s_2	$s_2^d > s_2^c$	$s_2^d > s_2^c$	$s_2^d > s_2^c$

当库存持有成本 h 较低时 ($h < h_1^d$)，动态定价合约下的零售商会战略性地持有库存，制造商为了防止零售商持有过多的库存会设定较高的批发价，因此有 $w_1^d > w_1^c$。由于生产学习效应及战略库存行为，动态定价合约下的零售商第一期订购量相对较高。与安南德等（Anand et al., 2008）不同的是，当 h 相对较高时 ($h_s^d < h < h_1^d$)，相对于价格承诺合约，动态定价合约下第一期的销量较高。这是因为，当 h 相对较低时，零售商会将大量的库存转移到第二期进行售卖，因此动态定价合约下第一期的销量较低；而当 h 相对较高时，零售商的库存持有水平较低，但动态定价合约能够激励零售商的订购行为，零售商更愿意增加销量以在第二期获得较低的批发价，因此零售商第一期的销量相对较高。动态定价合约下第二期的批发价相对较低，一方面是因为动态定价合约下的生产成本相对较低，另一方面是因为零售商的战略库存行为导致制造商在第二期的垄断力下降。当 h 相对较低时 ($h < h_q^d$)，零售商的战略库存水平相对较高，动态定价合约下第二期的订购量相对较低；当 h 相对较高时 ($h_q^d < h < h_1^d$)，战略库存水平相对较低，同时第二期较低的批发价能够促使零售商订购得更多，相对于价格承诺合约，动态定价合约下第二期的订购量相对较高。这一点也与安南

德等（Anand et al., 2008）中的结论有所不同。

当 h 较高时（$h \geq h_1^d$），零售商库存水平为零。可以看到动态定价合约下第一期的批发价要高于价格承诺合约下第一期的批发价。虽然如此，由于存在生产学习效应，在动态定价合约下，零售商为了能在第二期获得更低批发价会订购得更多。而在价格承诺合约下，由于第二期的批发价事先给定，零售商并没有动力多订购，因此有 $q_1^d > q_1^c$。相应地，由于动态定价合约下第二期的单位生产成本相对较低，从而其第二期的批发价相对较低，销量及订购量相对较高。特别是当 $\beta = 0$ 时，即不存在生产学习效应时，两种合约是等价的（Anand et al., 2008）。可以看到，当存在生产学习效应时，动态定价合约能够吸引零售商订购得更多，从而使制造商占据更大的成本优势。

命题 4.3 给出了零售商、制造商及整体供应链对合约的偏好。

命题 4.3 （i）对于零售商来说，（a）若 $\beta < \beta_r^d$，存在 $h_r \in (0, h_1^d)$。当 $h < h_r$ 时，零售商偏好动态定价合约，即 $\pi_r^d > \pi_r^c$；当 $h \geq h_r$ 时，零售商偏好价格承诺合约，即 $\pi_r^d < \pi_r^c$。（b）若 $\beta \geq \beta_r^d$，零售商偏好价格承诺合约，即 $\pi_r^d < \pi_r^c$。

（ii）制造商总是偏好动态定价合约，即 $\pi_m^d > \pi_m^c$。

（iii）对于整体供应链而言，（a）若 $\beta < \beta_s^d$，存在 $h_{s1,2} \in [0, h_1^d)$。当 $h \in (0, h_{s1}) \cup (h_{s2}, +\infty)$ 时，供应链偏好动态定价合约，即 $\pi_s^d > \pi_s^c$；当 $h \in (h_{s1}, h_{s2})$ 时，供应链偏好价格承诺合约，即 $\pi_s^d < \pi_s^c$。（b）若 $\beta \geq \beta_s^d$，供应链总是偏好动态定价合约，即 $\pi_s^d > \pi_s^c$。其中 $\beta_r^d \approx 0.2398$，$\beta_s^d \approx 0.0340$。

证明：分三种情况讨论。情形 1：当 $h < h_1^d$ 时

（1）零售商在两种合约下的利润之差为

$$\pi_r^d - \pi_r^c = \frac{f_{r1}(h)}{32 (15\beta^2 - 30\beta - 34)^2 (4 - \beta)^2}$$

其中 $f_{r1}(h) = (953\beta^6 - 11114\beta^5 + 41386\beta^4 - 33616\beta^3 - 82528\beta^2 + 49664\beta + 155648)h^2 + (212\beta^6 - 2544\beta^5 + 11576\beta^4 - 25872\beta^3 + 27456\beta^2 + 12544\beta - 60416)(a-c)h + (212\beta^6 - 3832\beta^5 + 8600\beta^4 + 12800\beta^3 - 23328\beta^2 - 17664\beta + 5376)(a-c)^2$。$f_{r1}(h)$ 与 $(\pi_r^d - \pi_r^c)$ 符号相同，观察到 $f_{r1}(h)$ 是关于 h 的二次函数且开口向上，容易验证 $f_{r1}(h_1^d) < 0$，$f_{r1}(0) > 0 \Leftrightarrow \beta < \beta_r^d \approx 0.2398$。因此，当 $\beta < \beta_r^d$ 时，由 $f_{r1}(0) > 0$，$f_{r1}(h_1^d) < 0$ 可知，存在唯一的 $h_r \in (0, h_1^d)$，满足 $f_{r1}(h_r) = 0$，且 $h \in (0, h_r)$ 时，$f_{r1}(h) > 0$；$h \in (h_r, h_1^d)$ 时，$f_{r1}(h) < 0$。当 $\beta \geqslant \beta_r^d$，由 $f_{r1}(0) \leqslant 0$ 及 $f_{r1}(h_1^d) < 0$ 可判定，$f_{r1}(h) < 0$。其中

$$h_r = 2[-2\sqrt{-53\beta^6 + 958\beta^5 - 1742\beta^4 - 4720\beta^3 + 5720\beta^2 + 6784\beta + 256} \\ (-15\beta^2 + 30\beta + 34) + 53\beta^5 - 424\beta^4 + 1198\beta^3 - 1676\beta^2 + 160\beta + 3776] \\ (a-c)/[(953\beta^4 - 3490\beta^3 - 1782\beta^2 + 7968\beta + 9728)(4-\beta)]$$

(4-28)

（2）制造商在两种合约下的利润之差为

$$\pi_m^d - \pi_m^c = \frac{f_{m1}(h)}{16(-15\beta^2 + 30\beta + 34)(4-\beta)} \quad (4-29)$$

其中 $f_{m1}(h) = (-\beta^3 + 52\beta^2 - 320\beta + 512)h^2 + (-4\beta^3 + 24\beta^2 + 32\beta - 256)(a-c)h + (-4\beta^3 + 80\beta^2 + 80\beta + 32)(a-c)^2$。由 $\partial f_{m1}(h)/\partial h = 0$ 可得 $f_{m1}(h)$ 的极小值点为 $m_1 = \dfrac{(4\beta^3 - 24\beta^2 - 32\beta + 256)}{2(-\beta^3 + 52\beta^2 - 320\beta + 512)}$，又 $f_{m1}(m_1) > 0$，因此对任意的 $h \in (0, h_1^d)$，都有 $f_{m1}(h) > 0$。

（3）整体供应链在两种合约下的利润之差为

$$\pi_s^d - \pi_s^c = \frac{f_{s1}(h)}{32(15\beta^2 - 30\beta - 34)^2(4-\beta)^2} \quad (4-30)$$

其中 $f_{s1}(h) = (92\beta^6 - 712\beta^5 - 4088\beta^4 + 12032\beta^3 + 6432\beta^2 + 9600\beta + 14080)(a-c)^2 + (92\beta^6 - 1104\beta^5 + 7528\beta^4 - 36272\beta^3 + 85568\beta^2 - 22784\beta - $

$130048)h(a-c) + (923\beta^6 - 9374\beta^5 + 22254\beta^4 + 48016\beta^3 - 215584\beta^2 + 50688\beta + 294912)h^2$。显然 $f_{s1}(h)$ 与 $(\pi_s^d - \pi_s^c)$ 符号相同,可以观察到 $f_{s1}(h)$ 开口向上且其极小值点 m_{s1} 为

$$m_{s1} = \frac{2(-23\beta^4 + 92\beta^3 - 778\beta^2 + 1372\beta + 2032)(a-c)}{923\beta^4 - 1990\beta^3 - 8434\beta^2 + 12384\beta + 18432} \quad (4-31)$$

易证 $m_{s1} < h_1^d$, $f_{s1}(0) > 0$, $f_{s1}(h_1^d) > 0$, $f_{s1}(m_{s1}) > 0 \Leftrightarrow \beta > \beta_s^d \approx 0.0340$。若 $\beta > \beta_s^d$, $f_{s1}(h) > f_{s1}(m_{s1}) > 0$;若 $\beta < \beta_s^d$,有 $f_{s1}(m_{s1}) < 0$, $f_{s1}(h_{F1}) > 0$, $f_{s1}(0) > 0$ 可以判定,存在 $h_{s1,2} \in (0, h_1^d)$ 满足 $f_{r1}(h_{s1,2}) = 0$,且当 $h \in (0, h_{s1}) \cup (h_{s2}, h_1^d)$ 时, $f_{s1}(h) > 0$;当 $h \in (h_{s1}, h_{s2})$ 时, $f_{s1}(h) < 0$。其中

$$h_{s1,2} = 2(a-c)[(4-\beta)(-23\beta^4 + 92\beta^3 - 778\beta^2 + 1372\beta + 2032) \mp$$
$$2(-15\beta^2 + 30\beta + 34)$$
$$\sqrt{23\beta^6 - 132\beta^5 - 1482\beta^4 + 1820\beta^3 + 6696\beta^2 + 7296\beta - 256}]/$$
$$[(4-\beta)(923\beta^4 - 1990\beta^3 - 8434\beta^2 + 12384\beta + 18432)] \quad (4-32)$$

情形 2:当 $h_1^d \leq h < h_2^d$ 时,

(1) 零售商在两种合约下的利润之差为

$$\pi_r^d - \pi_r^c = \frac{f_{r2}(h)}{2(8-\beta)^2(4-\beta)^2} \quad (4-33)$$

其中 $f_{r2}(h) = (-2\beta^3 + 22\beta^2 - 48\beta - 96)(a-c)^2 + (-\beta^4 + 8\beta^3 - 128\beta + 256)h(a-c) + (-2\beta^4 + 16\beta^3 - 256\beta + 512)h^2$,易证 $f_{r2}(h)$ 关于 h 单调递增,又 $f_{r2}(h_2^d) < 0$,因此当 $h \in [h_1^d, h_2^d)$ 时,恒有 $f_{r2}(h) < 0$。

(2) 制造商在两种合约下的利润之差为

$$\pi_m^d - \pi_m^c = \frac{f_{m2}(h)}{2(8-\beta)^2(4-\beta)} \quad (4-34)$$

其中 $f_{m2}(h) = -(8\beta^3 - 32\beta^2 - 64\beta + 256)h^2 - (\beta^3 + 12\beta^2 - 32\beta - 128)h(a-c) - (2\beta^2 - 4\beta + 16)(a-c)^2$,易证 $f_{m2}(h)$ 在区间 $[h_1^d, h_2^d]$ 关于 h 单调递增,又

$$f_{m2}(h_1^d) = \frac{16(16-\beta)(-15\beta^2+30\beta+34)\beta(a-c)^2}{(\beta^2-48\beta+128)} > 0$$

因此,当 $h \in [h_1^d, h_2^d)$ 时,恒有 $f_{m2}(h) \geq f_{m2}(h_{F1}) > 0$。

(3) 同理可证,$(\pi_s^d - \pi_s^c)$ 在区间 $[h_1^d, h_2^d)$ 关于 h 单调递增,又

$$\pi_s^d - \pi_s^c \mid_{h=h_1^d} = \frac{(12\beta^5 - 64\beta^4 - 667\beta^3 - 88\beta^2 + 5040\beta + 6400)\beta(a-c)^2}{(\beta-4)^2(31\beta^2-32\beta-160)^2} > 0$$

因此,当 $h \in [h_1^d, h_2^d)$ 时,有 $\pi_s^d > \pi_s^c$。

情形 3:当 $h \geq h_2^d$ 时

$$\pi_r^d - \pi_r^c = \frac{(7\beta^5 - 104\beta^4 - 192\beta^3 + 1408\beta^2 + 1280\beta - 4096)\beta(a-c)^2}{256(\beta^2-8)^2(\beta-4)^2} < 0$$

$$\pi_m^d - \pi_m^c = \frac{\beta(-\beta^2 + 20\beta + 64)(a-c)^2}{64(8-\beta^2)(4-\beta)} > 0$$

$$\pi_s^d - \pi_s^c = \frac{\beta(3\beta^3 - 32\beta^2 - 16\beta + 256)(\beta+4)^2(a-c)^2}{256(\beta^2-8)^2(\beta-4)^2} > 0$$

综上,命题得证。

安南德等(Anand et al., 2008)的研究结论表明:当不存在生产学习效应时,零售商持有库存能够降低平均批发价;当库存持有成本 h 相对较小时,战略库存能够为零售商带来更高的利润。命题 4.3(i)说明了即使库存持有成本为零,战略库存也不一定能够增加零售商的利润。当 h 较低时($h < h_1^d$),动态定价合约下的零售商会战略性地持有库存。如图 4-1 所示,若生产学习效应较低($\beta < \beta_r^d$),当且仅当 h 相对较低时($h < h_r$),战略库存才能为零售商带来更多的利润;若生产学习效应显著($\beta \geq \beta_r^d$),价格承诺合约下的零售商利润更高。当存在学习效应时,零售商的战略库存行为并不一定能降低平均批发价,若生产学习效应较低,两种合约下第二期的单位生产成本相差不大,动态定价合约下第二期的批发价下降主要受零售商的战略库存水平的影响。与安南德等(Anand et al., 2008)的观点类似,当 h 相对较低时($h < h_r$),零售商的战略库存行为能够增加自身的议价能力,降低平均批发价,此时零售商在动态定价合约下的利润更高;当

库存持有成本相对较高时（$h \geq h_r$），一方面零售商需要支付持有库存成本hI；另一方面，相对于价格承诺合约，动态定价合约下零售商第一期较高的订购量与销量会导致其平均批发价过高，因此零售商在价格承诺合约下的利润更高。若生产学习效应显著，两种合约下第一期的批发价之差（$w_1^d - w_1^c$）相对较大，并且零售商在动态定价合约下的订购量相对较高，这意味着动态定价合约会加剧双重边际化效应，零售商的战略库存行为并不一定能够降低平均批发价，因此零售商在价格承诺合约下的利润更高。

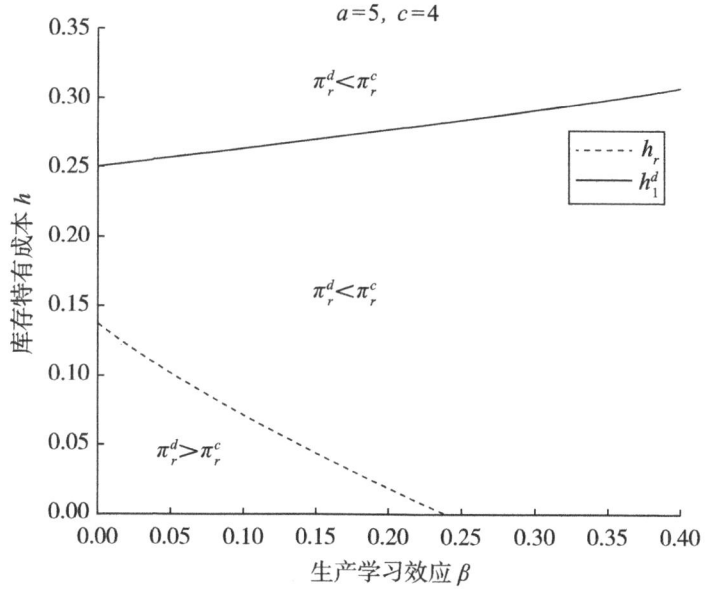

图4-1 $a=5, c=4$时零售商对两种合约的偏好

当库存持有成本不太低时（$h > h_1^d$），零售商库存水平为零。动态定价合约下的制造商能够根据生产成本调整批发价格，因此零售商在价格承诺合约下的利润更高。这也与李等（Li et al., 2015）的观点类似，即在动态定价合约下，生产学习效应加剧了双重边际化效应。对于零售商来说，即便持有库存有可能会损害自身利润，零售商为确保自身能在第二期拥有较低的批发价仍会战略性持有库存（Roy et al., 2019）。

命题4.3（ii）说明，无论零售商是否持有库存，制造商总是偏好于动态定价合约，这与部分学者（Anand et al.，2008；Arya，Mittendorf，2013）的结论相类似。由表 4-2 可知，相对于价格承诺合约，动态定价合约下的总体订购量较高，生产学习带来的成本下降幅度较大，第二期相对较低的单位生产成本使得制造商具有更高的成本销售优势。当零售商持有库存时，一方面制造商可以通过提高第一期的批发价来弥补第二期议价能力的降低，另一方面战略库存行为增加第一期的订购量，能为制造商带来更低的生产成本，因此制造商总能够从战略库存中受益。当零售商不持有库存时，动态定价合约自身的优越性能够为制造商带来更多的利润，始终优于价格承诺合约，这一点与安南德等（Anand et al.，2008）的观点不同。

如图 4-2 所示，命题 4.3（iii）说明，当学习效应较低时（$\beta < \beta_s^d$），随着库存持有成本 h 的增加，供应链对合约的偏好会由动态定价合约转向价格承诺合约，最后再次转向动态定价合约。当 h 较低（$h < h_{s1}$）时，由命题 4.4（i）和（ii）可知，战略库存能够增加制造商与零售商的利润，因此供应链在动态定价合约中的利润更高；当 h 处于中等水平时（$h_{s1} < h < h_{s2}$），一方面两种合约下第二期的单位生产成本相差不是太大，另一方面整体供应需要支付一定的持有库存成本 hI，因此供应链在价格承诺下的利润更高；当 h 较高时（$h \geq h_{s2}$），战略库存水平较低（有可能为 0），需要支付的库存持有总成本不是太高。由表 4-2 可知，动态定价合约下第一期的销量、订购量更高，学习效应带来的生产成本优势将占据主导地位，因此供应链在动态定价下的利润更高。当生产学习效应显著时（$\beta \geq \beta_s^d$），由于在动态定价合约下第一期的订购量相对较多，因此第二期的单位生产成本相对较低。学习效应越显著，第二期单位生产成本下降得越多，动态定价合约下的成本优势越明显。这也意味着，即便供应链有可能为战略库存行为支付高额的库存成本 hI，但由于其在动态定价合约下第一期的订购量较高，特别是当生产学习效应显著时，生产成本下降的幅度较高，较低的生产成本带来的正效应相对于库存成本所带来的正效应适占据主导地位，从

而供应链在动态定价合约下的利润更高。当零售商库存水平为 0 时（$h > h_1^d$），动态定价合约能够刺激需求的特性，为供应链带来的更多的利润。可以看到，在制造商存在生产学习效应时，即使库存持有成本较高，战略库存也不一定会损害整体供应链的利润，这一点与安南德等（Anand et al., 2008）的观点有所不同。

总体来看，由于存在生产学习效应，战略库存能够为供应链带来相对较低的生产成本，总是能够增加制造商的利润，其对零售商与供应链效率的影响则取决于生产学习效应和库存持有成本。

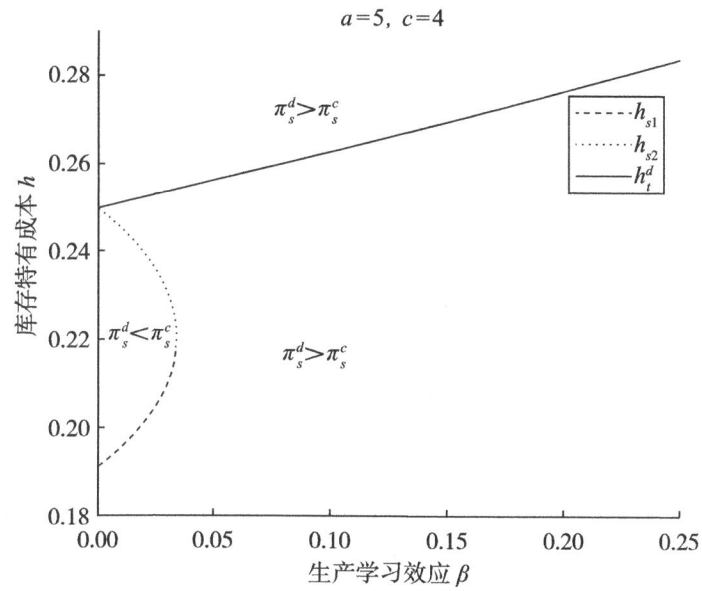

图 4-2　$a=5, c=4$ 时整体供应链对合约的偏好

推论 4.8　随着生产学习效应 β 增加，h_r、h_{s1} 单调递增，h_{s2} 单调递减。

从图 4-1 与图 4-2 中可以直观地看到：当生产学习效应增加时，阈值 h_r、h_{s1} 增加，阈值 h_{s2} 下降。图 4-1 与图 4-2 也表明了当生产学习效应变得显著时，零售商对合约的偏好可能由动态定价合约转向价格承诺合约。这也说明，只有当库存持有成本变得更小时，零售商才能从战略库存中受益。供应链对合约的偏好可能由价格承诺合约转向动态定价合约。当生产学习效应增加时，战略库存能够为整体供应链带来更低的生产成本、更高的成本优势，从而整体供应链变得更偏好动态定价合约。

4.5 库存不可观测时的战略库存策略研究

现实生活中，制造商可能无法观测零售商的销售量或所持有的库存。例如，在汽车销售行业中，由于经销商私下与个体消费者协商实际销售价格，即便需求是确定的并且制造商知道需求函数，但制造商仍有可能无法观察汽车的实际成交价格或者总销售量（Roy et al.，2019）。即使无法观测零售商的库存水平，制造商也可以根据零售商订购量推测出零售商的库存水平，从而调整第二期的批发价。因此，研究库存的不可观测性下的战略行为与供应链成员的最优决策，进一步揭示战略库存对供应链成员利润的影响，具有一定的实际背景与管理意义。

当零售商第一期的销量 s_1 及剩余库存 I 不可观测时，若制造商提供价格承诺合约，不难验证，供应链成员的均衡决策与 4.3.1 节库存可观测时的决策相同。为此，本章将主要探讨制造商提供动态定价合约的情形。与罗伊等（Roy et al.，2019）的观点类似，事件决策顺序为：①制造商首先决定第一期的批发价 w_1；②零售商确定第一期的订购量 q_1；③在给定订购量 q_1 后，零售商决定第一期的销量 s_1 与持有库存 I，与此同时，制造商决策第二期的批发价 w_2；④在观测到 w_2 后，零售商根据持有库存 I 来确定第二期的订购量。需要说明的是，当制造商能够观测到零售商的库存时，制造商第二期的批发价是关于 s_1 和 I 的反应函数。当制造商无法观测到零售商的库存时，在知晓零售商第一期的订购量 q_1 后，制造商第二期的批发价 w_2 的决策与零售商的战略库存水平 I 的决策是同时进行的（Roy et al.，2019）。

命题 4.4 当库存不可观测时，动态定价合约下零售商与制造商的最优决策见表 4-3。

表 4-3 库存不可观测时供应链成员主动态定价合约下的最优决策

	$h < h_1^n$	$h_1^n \leq h < h_2^n$	$h \geq h_2^n$
w_1^n	$\dfrac{(-2\beta^3 - 84\beta^2 + 120\beta + 128)a + (2\beta^3 - 24\beta^2 + 96\beta + 88)c}{108(-\beta^2 + 2\beta + 2)} + \dfrac{(-\beta^3 - 48\beta^2 + 120\beta + 8)h}{108(-\beta^2 + 2\beta + 2)}$	$\dfrac{[32 + 4\beta - \sqrt{8(\beta^2 + 6\beta + 8)}]a}{2\beta + 40} + \dfrac{[\sqrt{8(\beta^2 + 6\beta + 8)} - 2\beta + 8]c}{2\beta + 40} + \dfrac{(-\sqrt{2\beta(\beta^2 + 6\beta + 8)} + \beta^2 - 6\beta - 40)h}{2\beta + 40}$	$\dfrac{(128 - 16\beta - 24\beta^2 - \beta^3)a}{32(8 - \beta^2)} + \dfrac{(128 + 16\beta - 8\beta^2 + \beta^3)c}{32(8 - \beta^2)}$
s_1^n	$\dfrac{(-2\beta^2 + 52\beta + 40)(a-c) + (-19\beta^2 + 44\beta + 20)h}{72(-\beta^2 + 2\beta + 2)}$	$\dfrac{[6\sqrt{2(\beta^2 + 6\beta + 8)} - 4\beta + 64](a-c)}{4(4 - \beta)(\beta + 20)} + \dfrac{[3\beta\sqrt{2(\beta^2 + 6\beta + 8)} - 4\beta^2 + 160]h}{4(4 - \beta)(\beta + 20)}$	$\dfrac{(3\beta + 8)(a - c) + 3\beta\alpha}{4(8 - \beta^2)}$
I^n	$\dfrac{2(2 + \beta)^2(a - c)}{12(-\beta^2 + 2\beta + 2)} + \dfrac{(19\beta - 52)(2 + \beta)h}{12(-\beta^2 + 2\beta + 2)}$	$\dfrac{(2a - 2c + \beta h)(3\sqrt{2(\beta^2 + 6\beta + 8)} - 4\beta - 8)}{4(\beta + 2)(\beta + 20)}(a - c)$	0
q_1^n	$\dfrac{(8 + 10\beta)(a - c) + (5\beta - 14)h}{12(-\beta^2 + 2\beta + 2)}$	$\dfrac{[18\sqrt{2(\beta^2 + 6\beta + 8)} + 2(\beta + 8)(\beta + 2)](a-c)}{2(\beta + 2)(4 - \beta)(\beta + 20)} + \dfrac{[8(2 + \beta)(10 - \beta)]h}{2(\beta + 2)(4 - \beta)(\beta + 20)}$	$\dfrac{(3\beta + 8)(a - c)}{4(8 - \beta^2)}$
w_2^n	$\dfrac{(-34\beta^2 + 20\beta + 32)a}{36(-\beta^2 + 2\beta + 2)} + \dfrac{(-2\beta^2 + 52\beta + 40)c}{36(-\beta^2 + 2\beta + 2)} + \dfrac{(-17\beta^2 + 28\beta + 52)h}{36(-\beta^2 + 2\beta + 2)}$	$\dfrac{[6\sqrt{2(\beta^2 + 6\beta + 8)} - 4\beta + 64]c}{2(4 - \beta)(\beta + 20)} - \dfrac{(1 - \beta)\sqrt{2(\beta^2 + 6\beta + 8)}}{2(\beta + 2)(4 - \beta)} + \dfrac{(3\sqrt{2(\beta^2 + 6\beta + 8)} - 2\beta + 32)\beta h}{2(4 - \beta)(\beta + 20)} +$	$\dfrac{(32 - 8\beta - 7\beta^2)a}{8(8 - \beta^2)} + \dfrac{(32 + 8\beta + 8\beta^2)c}{8(8 - \beta^2)}$
q_2^n	$\dfrac{(-2\beta^2 + 22\beta + 16)(a - c)}{36(-\beta^2 + 2\beta + 2)} - \dfrac{(\beta^2 + 7\beta - 26)h}{36(-\beta^2 + 2\beta + 2)}$	$\dfrac{3(2a - 2c + \beta h)}{2(\beta + 2)(\beta + 20)} - \dfrac{\sqrt{2(\beta^2 + 6\beta + 8)} - 2\beta + 6\beta + 16}{2(\beta + 2)(4 - \beta)}$	$\dfrac{(32 + 8\beta - \beta^2)(a - c)}{16(8 - \beta^2)}$
s_2^n	$\dfrac{(-2\beta^2 + 52\beta + 40)(a - c) - (-17\beta^2 + 28\beta + 52)h}{72(-\beta^2 + 2\beta + 2)}$	$\dfrac{(2a - 2c + \beta h)(3\sqrt{2(\beta^2 + 6\beta + 8)} - 3\beta + 48)}{4(\beta + 20)(4 - \beta)}$	$\dfrac{(32 + 8\beta - \beta^2)(a - c)}{16(8 - \beta^2)}$

证明：在第二期时，零售商在观测到批发价 w_2 后决定第二期的订购量 q_2 及销量 $s_2(s_2 \leq q_2 + I)$，零售商第二期的利润 π_{r2} 为

$$\pi_{r2}(q_2) = (a - s_2)s_2 - w_2 q_2 \qquad (4-35)$$

易证 $I \leq a/2$，最大化零售商的第二期利润 $\pi_{r2}(q_2)$，由 $\partial \pi_{r2}(q_2)/\partial q_2 = 0$ 可以得出，零售商在第二期最优的订购量为

$$q_2^n = \left[\frac{a - w_2}{2} - I\right]^+ \qquad (4-36)$$

零售商第二期的最优利润为

$$\pi_{r2}^n = \begin{cases} (a - w_2)^2/4 + w_2 I & (w_2 < a - 2I) \\ (a - I)I & (w_2 \geq a - 2I) \end{cases} \qquad (4-37)$$

相应地，均衡状态下制造商第二期的利润为

$$\pi_{m2}^n(w_2) = \begin{cases} (w_2 - c_2)(a - w_2 - 2I)/2 & (w_2 < a - 2I) \\ 0 & (w_2 \geq a - 2I) \end{cases} \qquad (4-38)$$

在确定订购量 q_1 后，零售商的利润为

$$\pi_{r1}^n(q_1, s_1, I, w_2) = (a - s_1)s_1 + \pi_{r2}^n(w_2, I) - hI \qquad (4-39)$$

由于零售商与制造商相互无法观测对方的决策，这里可以将它们视为同时决策，最大化制造商第二期的利润 $\pi_{m2}^n(w_2)$，由 $\partial \pi_{m2}^n/\partial w_2 = 0$ 可得制造商第二期最优的批发价为 $w_2 = (a + c_2 - 2I)/2$。

同样地，最大化零售商的利润 $\pi_{r1}^n(s_1, I)$，分两种情况讨论。

（1）当约束条件 $s_1 + I \leq q_1$ 具有约束力时，$s_1 = q_1 - I$，将其带入 $\pi_{r1}^N(s_1, I)$ 中，由 $\partial \pi_{r1}^N/\partial I = 0$ 可得零售商最优的战略库存水平为

$$I^{BR}(w_2) = \left[(2q_1 - a - h + w_2)/2\right]^+ \qquad (4-40)$$

（2）当 $s_1 + I \leq q_1$ 不具有约束力时，由 $\pi_{r1}^N(s_1, I)$ 可知，s_1 和 I 相互独立，最大化零售商的利润可得，零售商第一期最优的销量为 $s_1^{BR} = a/2$，由于零售商的库存持有成本为 h，那么在均衡条件下，有 $w_2^{BR} = \dfrac{a + c_2 - 2I}{2} = h$，

由此可得出 $I^N = \dfrac{a + c - \beta q_1 - 2h}{2}$。因此当 $s_1 + I \leq q_1$ 不具有约束力时，零售商第一期订购量 q_1 的下界 q_{n2} 满足 $q_{n2} = \dfrac{a + c - \beta q_{n2} - 2h}{2} + \dfrac{a}{2}$，从而解得 $q_{n2} = \dfrac{2(a - h) + c}{2 + \beta}$。

当 $q_1 < q_{n2}$ 时，$s_1 + I \leq q_1$ 具有约束力，联立 $I^{BR}(w_2) = [(2q_1 - a - h + w_2)/2]^+$ 与 $w_2 = (a + c_2 - 2I)/2$ 即可解得在均衡条件下，第二期的批发价与库存水平分别为

$$(w_2^n, I^n) = \left(\dfrac{(4 - \beta)q_1 - a + c - 2h}{6}, \dfrac{2a + c + h - (2 + \beta)q_1}{3}\right) \quad (4-41)$$

特别地，由上式可知，当 $q_1 < q_{n1} = \dfrac{a - c + 2h}{4 - \beta}$ 时，在均衡条件下零售商的库存持有水平 $I^N = 0$，此时制造商的批发价决策 $w_2^n = \dfrac{a + c - \beta q_1}{2}$。因此在零售商决定第一期的订购量 q_1 后，存在唯一的纳什均衡，零售商与制造商的最优决策为

（i）当 $q_1 \in [0, q_{n1})$ 时，零售商与制造商的最优决策为

$$(I^n, s_1^n, w_2^n) = (0, q_1, (a + c - \beta q_1)/2) \quad (4-42)$$

（ii）当 $q_1 \in [q_{n1}, q_{n2})$ 时，零售商与制造商的最优决策为

$$(I^n, s_1^n, w_2^n) = \left(\dfrac{(4 - \beta)q_1 - a + c - 2h}{6}, \dfrac{(2 + \beta)q_1 + a - c + 2h}{6},\right.$$

$$\left.\dfrac{2a + c + h - (2 + \beta)q_1}{3}\right) \quad (4-43)$$

（iii）当 $q_1 \in [q_{n2}, 2a]$ 时

$$(I^n, s_1^n, w_2^n) = \left(\dfrac{a + c - \beta q_1 - 2h}{2}, \dfrac{a}{2}, h\right) \quad (4-44)$$

对于给定批发价 w_1，当 $q_1 > q_{n2}$ 时，零售商无法再通过持有库存迫使制造商降价，因此可以推断出在给定批发价 w_1 时，均衡状态下的零售商第一

期的订购量 q_1 不会超过 q_{n2}，即 $q_1 \leq q_{n2}$。下面只讨论 $q_1 \leq q_{n2}$ 的情形。

将 (I^n, s_1^n, w_2^n) 带入零售商的总利润方程 $\pi_r^n(w_1, q_1) = \pi_{r1}^n - w_1 q_1$ 中，分两种情况讨论。情形1：当 $q_1 \in [0, q_{n1})$ 时，易证 $\pi_r^n(w_1, q_1)$ 是关于 q_1 严格凹函数，由 $\partial \pi_r^n(w_1, q_1)/\partial q_1 = 0$ 即可到在无约束条件下零售商最优的订购量为

$$q_1^n = q_1^{n1} = \frac{(8+\beta)a - \beta c - 8w_1}{16 - \beta^2} \quad (4-45)$$

若 $w_1 > \dfrac{2a + 2c - (4+\beta)h}{4}$，$q_1^n$ 满足约束条件 $q_1 < q_{n1}$，此时零售商的利润为

$$\pi_r^n = \frac{(5+\beta)a^2 - [(8+\beta)w_1 + (2+\beta)c]a + \beta c w_1 + c^2 + 4w_1^2}{16 - \beta^2}$$

$$(4-46)$$

若 $w_1 \leq \dfrac{2a + 2c - (4+\beta)h}{4}$，零售商最优的 q_1^n 应取在其边界处，即 $q_1^n = q_{n1} = \dfrac{a - c + 2h}{4 - \beta}$，此时零售商的利润为

$$\pi_r^n = \frac{4a^2 - 4(w_1 + c - h)a + 4cw_1 - (8w_1 - 4c)h - (4+\beta)h^2}{16 - 4\beta} \quad (4-47)$$

情形2：当 $q_1 \in [q_{n1}, q_{n2})$ 时，同理可证，$\pi_r^n(w_1, q_1)$ 是关于 q_1 严格凹函数，由 $\partial \pi_r^n(w_1, q_1)/\partial q_1 = 0$ 即可到在无约束条件下零售商最优的订购量为

$$q_1^n = q_1^{n2} = \frac{2(\beta + 8)a + 2(1-\beta)c - (10-\beta)h - 18w_1}{2(-\beta^2 + 2\beta + 8)} \quad (4-48)$$

若 $w_1 \leq \dfrac{4a + 2c - (6+\beta)h}{6}$，$q_1^n$ 满足约束条件 $q_1 \geq q_{n1}$，此时零售商的利润为

$$\pi_r^n = \{8(4+\beta)a^2 - 8[(8+\beta)w_1 + \beta c + 4h]a + 36w_1^2 - 8(1-\beta)cw_1 +$$
$$4c^2 - 4[(\beta - 10)w_1 + (2-\beta)c]h + (20-\beta^2)h^2\}/(64 + 16\beta - 8\beta^2)$$

$$(4-49)$$

若 $w_1 < \dfrac{4a + 2c - (6+\beta)h}{6}$,最优的 q_1^n 应在边界处取得,即 $q_1^n = q_{n1} = \dfrac{a-c+2h}{4-\beta}$,此时零售商的利润为

$$\pi_r^n = \frac{4a^2 - 4(w_1+c-h)a + 4cw_1 - (8w_1-4c)h - (4+\beta)h^2}{16-4\beta} \quad (4-50)$$

比较情形 1 与情形 2 下零售商的利润,容易验证存在 $w_n \in \left(\dfrac{2a+2c-(4+\beta)h}{4}, \dfrac{4a+2c-(6+\beta)h}{6}\right)$,使得当 $w_1 < w_n$ 时,零售商最优订购策略为 $q_1^n = q_1^{n2}$;当 $w_1 > w_n$ 时,零售商的最优策略为 $q_1^n = q_1^{n1}$;当 $w_1 = w_n$ 时,两种订购策略对零售商来说等价。其中 $w_n = \{[(32+4\beta - \sqrt{8(\beta^2+6\beta+8)}]a + [-2\beta+8+\sqrt{8(\beta^2+6\beta+8)}]c - [-\beta^2+6\beta+40+\sqrt{2\beta(\beta^2+6\beta+8)}]h\}/(2\beta+40)$。

最后,将 q_1^n 带入制造商的利润方程 $\pi_m^n(w_1) = (w_1-c)q_1 + \pi_{m2}^n$ 中,为求得制造航的最优决策 w_1,分两种情况讨论。情形 1:当 $w_1 < w_n$ 时,最大化制造商的利润 $\pi_m^n(w_1)$,由 $\partial \pi_m^n(w_1)/\partial w_1 = 0$ 可得在无约束条件下制造商第一期的批发价为

$$w_1^n = w_1^{n1} = \frac{2A_5 a + 2A_6 c - (\beta^3 - 48\beta^2 + 120\beta + 8)h}{108(-\beta^2+2\beta+2)} \quad (4-51)$$

若 $h < h_1^n = \dfrac{2[\beta^4 - 46\beta^3 + 132\beta^2 + 680\beta + 448 - 54(-\beta^2+2\beta+2)\sqrt{2(\beta^2+6\beta+8)}](a-c)}{53\beta^4 - 404\beta^3 - 780\beta^2 + 2560\beta + 4160 + 54(-\beta^2+2\beta+2)\sqrt{2\beta(\beta^2+6\beta+8)}}$,$w_1^n$ 满足约束条件 $w_1 < w_n$;若 $h \geq h_1^n$,制造商最优的批发价应在边界处取得,即 $w_1^n = w_n$。

情形 2:当 $w_1 > w_n$ 时,同理可得在无约束条件下制造商第一期最优的批发价为

$$w_1^n = w_1^{n2} = \frac{A_3 a + A_4 c}{32(8-\beta^2)} \quad (4-52)$$

若 $h > h_n = \dfrac{[\beta^4 - 20\beta^3 - 16\beta^2 + 704\beta + 1536 - (256-32\beta^2)\sqrt{2(\beta^2+6\beta+8)}](a-c)}{16(8-\beta^2)(-\beta^2+6\beta+40+\beta\sqrt{2(\beta^2+6\beta+8)})}$,

w_1^n 满足约束条件 $w_1 > w_n$；若 $h \leq h_n$，制造商第一期最优的批发价应取边界，即 $w_1^n = w_n$。

最后，比较情形 1 与情形 2 下制造商的利润，即可得到制造商第一期的批发价为

$$w_1^n = \begin{cases} \dfrac{2A_5 a + 2A_6 c - (\beta^3 - 48\beta^2 + 120\beta + 8)h}{108(-\beta^2 + 2\beta + 2)} & (0 \leq h < h_1^n) \\ w_n & (h_1^n \leq h < h_1^n) \\ \dfrac{A_3 a + A_4 c}{32(8 - \beta^2)} & (h \geq h_1^n) \end{cases}$$

(4 - 53)

其中 $h_2^n = \dfrac{(N_1 + \sqrt{N_2})(a - c)}{4(8 - \beta^2)N_3}$，$N_1 = 4(8 - \beta^2)[-\beta^5 + 160\beta^4 - 252\beta^3 - 1112\beta^2 + 5216\beta + 7680 - \sqrt{2(\beta^2 + 6\beta + 8)}(-\beta^4 + 101\beta^3 - 738\beta^2 + 16\beta + 2080)]$；$N_2 = (\beta + 2)(8 - \beta^2)(20 + \beta)^2 (4 - \beta)^3 [-32\beta^6 + 320\beta^5 + 860\beta^4 - 4960\beta^3 + 18688\beta^2 + 171520\beta + 242688 + \sqrt{2(\beta^2 + 6\beta + 8)}(21\beta^5 - 346\beta^4 + 232\beta^3 + 10560\beta^2 + 11008\beta - 22528)]$；$N_3 = \beta(53\beta^3 - 510\beta^2 + 240\beta + 2080)\sqrt{2(\beta^2 + 6\beta + 8)} - 80\beta^5 + 288\beta^4 - 388\beta^3 - 5776\beta^2 + 7680\beta + 25600$。

将 w_1^n 分别代入制造商与零售商的最优决策中，即可求得在均衡状态下的供应链成员的最优决策（见表 4-3）。

表 4-3 给出了在库存不可观测时动态定价合约下供应链成员的均衡决策。由表 4-3，有如下推论。

推论 4.9 （i）当 $h < h_2^n$ 时，零售商会战略性地持有库存。

（ii）h_1^n，h_2^n 随着学习效应（β）增加而单调递增，即 $\partial h_i^n / \partial \beta > 0$（$i = 1, 2$）。

当库存持有成本相对较低时，与罗伊等（Roy et al., 2018）的研究类似，零售商会战略库存性地持有库存以在第二期获得更高的议价能力。如

图4-3所示,推论4.9(ii)说明,当零售商的库存无法观测时,生产学习效应仍对零售商的战略库存行为产生了积极影响。这一点也与4.3.1节中库存可观测时的情形类似。

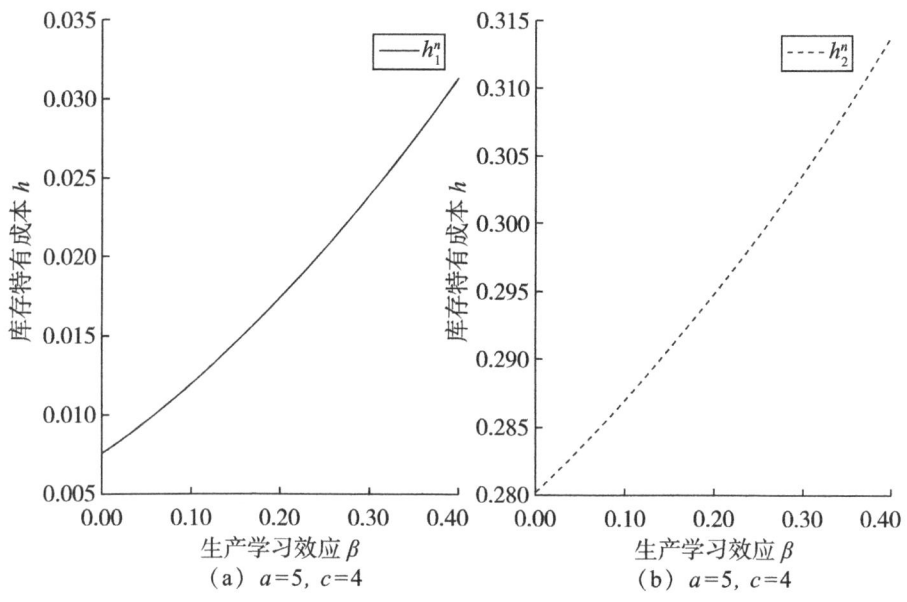

图4-3 生产学习效应对h_1^n、h_2^n的影响

推论4.10 随着库存持有成本h增加,(i)若$h \in [0, h_1^n)$,第一期的批发价w_1^n降低,第二期的批发价w_2^n增加,第一期的订购量q_1^n降低,第二期的订购量q_2^n增加,第一期的销量s_1^n增加,第二期的销量s_2^n降低,库存持有水平I^n降低。即$\partial w_1^n/\partial h < 0$,$\partial w_2^n/\partial h > 0$,$\partial q_1^n/\partial h < 0$,$\partial q_2^n/\partial h > 0$,$\partial s_1^n/\partial h > 0$,$\partial s_2^n/\partial h < 0$。

(ii)若$h \in [h_1^n, h_2^n)$,两期的批发价w_i^n降低,库存持有水平I^n、两期的订购量q_i^n及销量s_i^n增加,即$\partial w_i^n/\partial h < 0$,$\partial I^n/\partial h > 0$,$\partial q_i^n/\partial h > 0$,$\partial s_i^n/\partial h > 0$。

(iii)当$h \in [h_2^n, +\infty)$时,供应链成员的最优决策与h无关。

推论4.10(i)的结论很直观,当库存持有成本h较小时($h \in [0,$

h_1^n)),随着 h 增加,制造商为吸引零售商的持有库存,会降低第一期的批发价,从而零售商第一期的销量增加,零售商战略库存水平的降低也使得其第一期整体订购量降低,第二期的订购量增加,第二期销量降低。

与罗伊等(Roy et al.,2019)的研究不同的是,推论 4.9(ii)的结论说明,当 h 处于中等水平时($h \in [h_1^n, h_2^n)$),随着 h 增加,零售商的战略库存水平增加。这是因为,由于制造商无法观测到库存,h 的增加使得制造商急剧降低批发价 w_1^N 以激励零售商增加订购量,一方面是为了确保零售商能够持有战略库存,另一方面由于存在生产学习效应,零售商的订购量越多,制造商在第二期的成本优势就越大。虽然 h 增加,但相对较低的批发价仍会使得零售商持有较高的战略库存。由于第二期生产成本降低及零售商议价能力增加,因此制造商第二期的批发价降低;相应地,第二期销量及订购量增加。

推论 4.10(iii)则说明了当零售商由于需要承担过高的库存持有成本而放弃持有库存时,供应链成员的决策均与 h 无关。

推论 4.11 给出了供应链成员两阶段的均衡决策对比。

推论 4.11 （i）当 $h \in [0, h_1^n)$ 时,$w_1^n > w_2^n$,$q_1^n > q_2^n$,$s_1^n > s_2^n$。

（ii）当 $h \in [h_1^n, h_2^n)$ 时,$w_1^n > w_2^n \Leftrightarrow h < h_w^n$,$q_1^n > q_2^n$,$s_1^n > s_2^n$。

（iii）当 $h \in [h_2^n, +\infty)$ 时,$w_1^n > w_2^n$,$q_1^n < q_2^n$,$s_1^n < s_2^n$。

其中 $h_w^n = \dfrac{[(\beta-1)\sqrt{2(\beta^2+6\beta+8)} - \beta^2 + 6\beta + 16](a-c)}{(1-\beta)\beta\sqrt{2(\beta^2+6\beta+8)} + \beta^3 - 8\beta^2 - 48\beta + 160}$。

推论 4.11（i）说明了当 h 较低时,第一期的批发价相对较高,一方面是因为零售商的战略库存行为及制造商的生产学习效应,另一方面库存的无法观测性会导致零售商的持有库存数量较低,从而使得制造商提高第一期的批发价。同时由于零售商的战略库存行为存在,第一期的订购量与销量相对于高于第二期,这一点也与罗伊等(Roy et al.,2019)的结论相类似。

随着 h 增加,由于制造商观测不到零售商的持有库存,为了激励零售商持有库存,制造商会持续降低其第一期的批发价,因此在 h 相对较高时($h_w^n < h < h_2^n$),即便第二期的单位生产成本较低,第一期的批发价也仍要低于第二期的批发价。同样的,虽然零售商会将剩余的库存转移到第二期进行售卖,由推论 4.10 可知,随着 h 增加,第一期批发价降低、库存持有水平 I 增加,第一期订购量与销量相对较高。

当 h 较高时,制造商不再愿意降低第一期的批发价,此时制造商的生产学习效应占据主导地位,第二期的单位生产成本的降低也使得第二期的批发价相对较低;相应地,第二期的销量及订购量相对较高。

将零售商和制造商的最优决策分别带入 π_r^n 和 π_m^n,可得制造商最优的利润为

$$\pi_m^n = \begin{cases} \dfrac{4(\beta^2+88\beta+64)(a-c)^2+4(\beta^2-2\beta-8)h(a-c)}{432(-\beta^2+2\beta+2)} + \\ \dfrac{(\beta^2-92\beta+244)h^2}{432(-\beta^2+2\beta+2)} & (0 \leqslant h < h_1^n) \\ \dfrac{4B_1(a-c)^2+2B_2h(a-c)-B_3h^2}{4(\beta+2)(\beta-4)^2(\beta+20)^2} & (h_1^n \leqslant h < h_2^n) \\ \dfrac{(128+48\beta+\beta^2)(a-c)^2}{64(8-\beta^2)} & (h \geqslant h_2^n) \end{cases}$$

$(4-54)$

相应的,零售商的利润为

$$\pi_r^n = \begin{cases} \dfrac{4B_4(a-c)^2+4B_5h(a-c)+B_6h^2}{2592(-\beta^2+2\beta+2)^2} & (0 \leqslant h < h_1^n) \\ \dfrac{2B_7(a-c)^2+B_8h(a-c)+B_9h^2}{2(4-\beta)(\beta+20)^2} & (h_1^n \leqslant h < h_2^n) \\ \dfrac{(7\beta^4-48\beta^3-176\beta^2+768\beta+2048)(a-c)^2}{256(8-\beta^2)^2} & (h \geqslant h_2^n) \end{cases}$$

$(4-55)$

其中 $B_1 = (\beta^3 - 48\beta^2 + 228\beta + 224)\sqrt{2(\beta^2 + 6\beta + 8)} - 2\beta^4 + 44\beta^3 - 192\beta^2 + 548\beta + 2896$;$B_2 = (\beta^4 - 101\beta^3 + 738\beta^2 - 16\beta - 2080)\sqrt{2(\beta^2 + 6\beta + 8)} - \beta^5 + 160\beta^4 - 252\beta^3 - 1112\beta^2 + 5216\beta + 7680$;$B_3 = (53\beta^3 - 510\beta^2 + 240\beta + 2080)\beta\sqrt{2(\beta^2 + 6\beta + 8)} - 80\beta^5 + 288\beta^4 - 388\beta^3 - 5776\beta^2 + 7680\beta + 25600$;$B_4 = 11\beta^4 - 134\beta^3 + 264\beta^2 + 640\beta + 272$;$B_5 = 11\beta^4 - 44\beta^3 + 156\beta^2 - 224\beta - 304$;$B_6 = 335\beta^4 - 1250\beta^3 - 276\beta^2 + 2152\beta + 3008$;$B_7 = (\beta + 8)\sqrt{2(\beta^2 + 6\beta + 8)} - \beta^2 + \beta + 132$;$B_8 = -\beta^3 + 14\beta^2 + 120\beta + 320 + (\beta^2 + 80)\sqrt{2(\beta^2 + 6\beta + 8)}$;$B_9 = 4(-\beta + 10)\beta\sqrt{2(\beta^2 + 6\beta + 8)} + 6\beta^3 - 24\beta^2 + 40\beta + 800$。

命题 4.5 给出了战略库存及库存的透明性对供应链成员利润的影响。

命题 4.5 (i) 对于零售商来说，(a) 当 $h < h_1^n$ 时，$\pi_r^n < \max\{\pi_r^d, \pi_r^c\}$。(b) 当 $h_1^n \leq h < h_2^n$ 时，存在 $h_r^{nc}, h_r^{nd} \in [h_1^n, h_2^n)$，①若 $h \in [h_1^n, h_r^{nc})$，$\pi_r^n < \pi_r^c$；若 $h \in [h_r^{nc}, h_2^n)$，$\pi_r^n > \pi_r^c$。②若 $h \in [h_1^n, h_r^{nd})$，$\pi_r^n < \pi_r^d$；若 $h \in (h_r^{nd}, h_2^n)$，$\pi_r^n > \pi_r^d$。(c) 当 $h \geq h_2^n$ 时，$\pi_r^n = \pi_r^d < \pi_r^c$。

(ii) 对于制造商来说，(a) 当 $h < h_2^n$ 时，$\pi_m^n > \pi_m^d > \pi_m^c$；(b) 当 $h \geq h_2^n$ 时，$\pi_m^n = \pi_m^d > \pi_m^c$。

(iii) 对于整体供应链来说，(a) 当 $h < h_2^n$ 时，$\pi_s^n > \pi_s^d > \pi_s^c$；(b) 当 $h \geq h_2^n$ 时，$\pi_s^n = \pi_s^d > \pi_s^c$。

证明：命题 4.5 (i) (a)。下面比较 π_r^n 与 π_r^c 的大小。不妨令 $\varphi_r(h) = \pi_r^n - \pi_r^c$，显然 $\varphi_r(h)$ 是关于 h 的分段函数。同样的，分三种情况讨论。

情形 1：当 $h < h_1^n$ 时，不难发现 $\varphi_r(h)$ 是关于 h 的二次函数，且开口向上对称轴为正。又

$$\varphi_r(0) = \frac{(11\beta^6 - 222\beta^5 + 216\beta^4 + 1568\beta^3 - 624\beta^2 - 2304\beta - 832)(a-c)^2}{648(\beta^2 - 2\beta - 2)^2(\beta - 4)^2}$$

(4-56)

$$\lim_{h\to h_1^n}\varphi_r(h) = (2+\beta)[9\sqrt{2(\beta^2+6\beta+8)}(11\beta^8-329\beta^7+2502\beta^6-$$

$$5032\beta^5+13936\beta^4-56544\beta^3+10880\beta^2+110080\beta+6144)-149\beta^9+$$

$$3561\beta^8-16327\beta^7+40846\beta^6+140844\beta^5-491176\beta^4-88736\beta^3-$$

$$1540224\beta^2+1155584\beta+2678784](a-c)^2/\{(\beta-4)^2[54\beta(\beta^2-2\beta-2)$$

$$\sqrt{2(\beta^2+6\beta+8)}-53\beta^4+404\beta^3+780\beta^2-2560\beta-4160]^2\}$$

$$(4-57)$$

易证 $\varphi_r(0) < 0$, $\lim_{h\to h_1^n}\varphi_r(h) < 0$,因此当 $h < h_1^n$ 时,$\pi_r^n < \pi_r^c$。

情形 2:当 $h_1^n \leq h < h_2^n$ 时,易证 $\varphi_r(h)$ 关于 h 严格单调递增,且 $\varphi_r(h_1^n) < 0$,$\varphi_r(h_2^n) > 0$。那么存在唯一的 $h_r^{nc} \in [h_1^n, h_2^n)$,当 $h \in [h_1^n, h_r^{nc})$ 时,$\pi_r^n < \pi_r^c$;当 $h \in (h_r^{nc}, h_2^n)$ 时,$\pi_r^n > \pi_r^c$。其中

$$h_r^{nc} = \{\sqrt{(4-\beta)(-\beta^2+8\beta+16)[2\beta(10-\beta)\sqrt{2(\beta^2+6\beta+8)}+3\beta^3-12\beta^2+20\beta+400]}$$

$$(\beta+20)-(4-\beta)[(\beta^2+80)\sqrt{2(\beta^2+6\beta+8)}-\beta^3+14\beta^2+120\beta+320]\}(a-c)/$$

$$\{4[3\beta^3-12\beta^2+20\beta+400+2\beta(10-\beta)\sqrt{2(\beta^2+6\beta+8)}](4-\beta)\} \quad (4-58)$$

情形 3:当 $h \geq h_2^n$ 时,$\pi_r^n|_{h\geq h_2^n} - \pi_r^c = \pi_r^d|_{h\geq h_2^d} - \pi_r^c < 0$。

命题 4.5 (i) (b)。下面比较 π_r^n 与 π_r^d 的大小,不妨取 $\varphi(h) = \pi_r^n - \pi_r^d$,显然 $\varphi(h)$ 为分段函数。

情形 1:当 $h < h_1^n$ 时,可得 $\varphi(h)$ 是关于 h 的一元二次函数,且开口向上对称轴为正,又 $\varphi(0) < 0$,$\varphi(h_1^n) < 0$,因此当 $h \in (0, h_1^n)$ 时,有 $\varphi(h) < 0$。

情形 2:当 $h_1^n \leq h < h_1^d$ 时,易证 $\varphi(h)$ 关于 h 严格单调递增,且 $\varphi(h_1^n) < 0$,$\varphi(h_1^d) > 0$。因此,存在唯一的 $h_r^{nd} \in [h_1^n, h_1^d)$,当 $h \in [h_1^n, h_r^{nd})$ 时,$\pi_r^n < \pi_r^d$;当 $h \in (h_r^{nd}, h_2^n)$ 时,$\pi_r^d > \pi_r^c$。

情形 3:当 $h_1^d < h < h_2^n$ 时,$(\pi_r^n - \pi_r^d) > (\pi_r^c - \pi_r^d) > 0$。

情形 4:当 $h \geq h_2^n$ 时,由命题 4.3 的证明可知,$\pi_r^c > \pi_r^d = \pi_r^n$。

类似可证命题 4.5（ii）与命题 4.5（iii）。

命题 4.5 说明，当库存不可观测时，战略库存对供应链成员利润的影响与罗伊等（Roy et al., 2019）的研究相类似。对于零售商来说，在库存持有成本 h 较低时（$h < h_1^n$），由于库存不可观测时的批发价水平相对较高，此时其零售商的利润最低（$\pi_r^n < \max\{\pi_r^d, \pi_r^c\}$）；在库存持有成本处于中等水平时（$h_1^n \leq h < h_2^n$），随着库存持有成本的增加，库存不可观测下第一期的批发价锐减。特别是当 h 相对较高时，库存不可观测下的第一期的批发价最低，因此会出现 $\pi_r^n > \pi_r^d$ 与 $\pi_r^n > \pi_r^c$ 的情形。

对于制造商来说，若库存不可观测，当库存持有成本较低时（$h < h_2^n$），零售商会战略性地持有库存，由于制造商无法观测到零售商第一期的销量与库存水平，这为制造商带来了先动优势（Roy et al., 2019），因此制造商在库存不可观测情况下的利润总是最高。同样地，整体供应链在库存不可观测时的整体销量更高，具有更高的利润。

当库存持有成本相对较高时（$h > h_2^n$），库存（不可）观测下的零售商不会持有战略库存，动态定价合约在库存可观测时与库存不可观测时的均衡决策一致。由命题 4.3 可知，零售商在价格承诺合约下的利润较高，制造商及整体供应链在动态定价合约下的利润更高。

4.6 存在科技进步时的战略库存策略研究

舒姆等（Shum et al., 2016）认为，产品单位生产成本的下降除了制造商的生产学习效应外，还有可能是因为科技进步所带来的原材料成本下降。例如，2013 年 2 月，在索尼 PS Vita 上市一年后，索尼公司将其价格降低了 30%，其中零部件价格下跌导致的生产成本的降低在降价中发挥了重要作用。随着技术变得更加成熟，成本降低可能来自组件成本的降低，这种类型的成本下降与以前的生产数量无关，被称为技术进步效应。与 4.3 节类似，假定第一期的单位生产成本 $c_1 = c$，由于存在技术进步和生产学习效应，第二期的单位生产成本为 $c_2 = c_1 - \theta - \beta q_1$，其中 q_1 为第一期制造商的生产量，θ 和 β 分别用来度量技术进步的重要性和生产学习效果。为了保证第二期的单位成本非负，与舒姆等（Shum et al.，2016）的研究类似，这里假定 θ 和 β 满足约束条件 $\theta < \theta_{Max} = c - 2\beta a$。为简化分析，便于突出技术进步及学习效应对零售商的战略库存行为的影响，假定零售商的库存持有成本 h 为零。

本节假定 θ 外生，可以理解为是技术进步导致生产原材料或零部件成本的下降，制造商不需要承担任何成本。例如，在新能源汽车制造行业，电池成本将占整车 20%～30%，随着技术进步及动力电池行业生产规模化，调查显示从 2010—2017 年，我国动力电池成本就下降了 79%，极大降低了汽车制造商厂商的电池采购成本。北京汽车集团有限公司总经理张夕勇指出，在 2020 年由于电池系统成本的下降会使纯电动 A 级整车价格将会从目前的 20 万元区间下降到 15 万元左右，因此假定 θ 外生是合理的。这里我们仅在库存可观测的情形下考虑零售商的战略库存行为，与 4.3 节类似，本节同时考虑价格承诺与动态定价两种合约。

4.6.1 动态定价合约

动态定价合约下事件的决策顺序与 4.3.1 节类似。同理，运用逆序归纳法可得供应链成员的最优决策。

命题 4.6 在动态定价合约下，零售商与制造商的均衡决策见表 4-4。

证明：类似可证制造商第二期最优的批发价为

$$w_2^d = \begin{cases} (a - c_2 - 2I)/2 - I & \left(I \leqslant \dfrac{a - c_2}{2}\right) \\ c_2 & \left(I > \dfrac{a - c_2}{2}\right) \end{cases} \quad (4-59)$$

零售商与制造商在第二期的利润分别为

$$\pi_{r2}^d = \begin{cases} \dfrac{(a + 2I - c_2)^2 + 8I(a - I)}{16} & \left(I \leqslant \dfrac{a - c_2}{2}\right) \\ (a - I)I & \left(I > \dfrac{a - c_2}{2}\right) \end{cases} \quad (4-60)$$

$$\pi_{m2}^d = \begin{cases} \dfrac{(a - c_2 - 2I)^2}{8} & \left(I \leq \dfrac{a - c_2}{2}\right) \\ 0 & \left(I > \dfrac{a - c_2}{2}\right) \end{cases} \quad (4-61)$$

相应地，零售商和制造商的总利润分别为 $\pi_r = (a - s_1)s_1 - w_1 q_1 + \pi_{r2}^d$ 和 $\pi_m = (w_1 - c)q_1 + \pi_{m2}^d$。

在给定批发价 w_1 后，不难得出 $\pi_r(q_1, I)$ 是关于 (q_1, I) 的联合凹函数，最大化零售商的利润，分两种情形讨论。

情形 1：当 $0 \leq I < (a - c_2)/2$ 时，易证 π_r 是关于 (s_1, I) 的联合凹函数，联立方程组 $\partial \pi_r / \partial s_1 = 0$ 与 $\partial \pi_r / \partial I = 0$ 即可得到在无约束条件下零售商的最优决策为

$$s_1^d = \dfrac{(12 + 4\beta)a - 2\beta(c - \theta) - (12 + 2\beta)w_1}{4(6 + 2\beta - \beta^2)} \quad (4-62)$$

$$I = \dfrac{12a - (16 - 2\beta)w_1 + 2(2 - \beta)(c - \theta)}{4(6 + 2\beta - \beta^2)} \quad (4-63)$$

若 $w_1 < w_t = \dfrac{6a + (2 - \beta)(c - \theta)}{8 - \beta}$，最优解在可行域内；若 $w_1 \geq w_t$，最优解在边界 $I = 0$ 处。联立 $I = 0$ 及 $\partial \pi_r / \partial s_1 = 0$ 即可求得零售商的最优决策为

$$s_1^d = \dfrac{(8 + \beta)a + \beta(\theta - c) - 8w_1}{16 - \beta^2}, I = 0 \quad (4-64)$$

情形 2：当 $I \geq (a - c_2)/2$ 时，在无约束条件下最大化零售商的利润，即可得到 $(s_1^d, I^d) = ((a - w_1)/2, (a - w_1)/2)$。若 $w_1 \leq (c - \beta a - \theta)/(1 - \beta) < c$，最优解在可行域内。最优解在边界 $I = (a - c_2)/2$ 处取得，由 $\partial \pi_r / \partial s_1 = 0$ 即可求得

$$s_1^d = \dfrac{4(1 - \beta)a + \beta c - (4 - 2\beta)w_1 - \beta \theta}{4(2 - 2\beta + \beta^2)} \quad (4-65)$$

分别比较情形 1 与情形 2 下零售商的利润，可得到零售商的最优决策为

(1) 若 $w_1 \leq w_t$，零售商的最优决策为

$$s_1^d = \frac{(12+4\beta)a - 2\beta(c-\theta) - (12+2\beta)w_1}{4(6+2\beta-\beta^2)} \quad (4-66)$$

$$I = \frac{12a - (16-2\beta)w_1 + 2(2-\beta)(c-\theta)}{4(6+2\beta-\beta^2)} \quad (4-67)$$

(2) 若 $w_1 > w_t$，零售商的最优决策为

$$s_1^d = \frac{(8+\beta)a + \beta(\theta-c) - 8w_1}{16-\beta^2}, I = 0 \quad (4-68)$$

将零售商的最优决策带入制造商的总利润方程中，同样分以下两种情况讨论。

情形1：当 $w_1 < w_t$ 时，容易验证制造商的利润 $\pi_m(w_1)$ 是关于 w_1 的凹函数。最大化 $\pi_m(w_1)$，由 $\partial \pi_m(w_1)/\partial w_1 = 0$ 即可得到在无约束条件下，制造商最优的批发价 w_1^d 为

$$w_1^d = \frac{(-\beta^3 - 20\beta^2 + 34\beta + 36)a + (\beta^3 - 10\beta^2 + 26\beta + 32)c - (\beta^3 - 3\beta^2 + 12\beta + 20)\theta}{4(34 + 30\beta - 15\beta^2)}$$

$$(4-69)$$

若 $\theta < \theta_1^d = \frac{(\beta^2 + 14\beta + 20)(a-c)}{(-\beta^2 - 21\beta + 36)}$，$w_1^d < w_t$ 满足约束条件。当 $\theta \geq \theta_1^d$ 时，最优的批发价应在边界 $w_1 = w_t$ 处取得，即最优的批发价为

$$w_1^d = w_t = \frac{6a + (2-\beta)(c-\theta)}{8-\beta} \quad (4-70)$$

情形2：当 $w_1 \geq w_t$ 时。同理可得，在无约束条件下，制造商最优的批发价

$$w_1^d = \frac{(-\beta^3 - 24\beta^2 - 16\beta + 128)a + (\beta^3 - 8\beta^2 + 16\beta + 128)c - (16\beta + \beta^3)\theta}{32(8-\beta^2)}$$

$$(4-71)$$

若 $\theta \geq \theta_2^d = \frac{(\beta^2 + 16\beta + 32)(a-c)}{(-\beta^2 - 24\beta + 32)}$，制造商最优的批发价 w_1^F 满足约束条件 $w_1 \geq w_t$；若 $\theta < \theta_2^d$，制造商最优的批发价 w_1^d 应取边界 $w_1 = w_t$ 处，即 $w_1^d = w_t$。

通过比较两种情形下制造商的利润，即可得到第一阶段最优的批发价为

$$w_1^d = \begin{cases} \dfrac{A_1 a + A_2 c - (\beta^3 - 3\beta^2 + 12\beta + 20)\theta}{2(-15\beta^2 + 30\beta + 34)} & (\theta < \theta_1^d) \\[2mm] \dfrac{6a + (-\beta + 2)(c - \theta)}{(-\beta + 8)} & (\theta_1^d \leq \theta < \theta_2^d) \\[2mm] \dfrac{A_3 a + A_4 c - \beta(\beta^2 + 16)\theta}{32(-\beta^2 + 8)} & (\theta \geq \theta_2^d) \end{cases}$$

(4-72)

将 w_1^d 代入供应链成员的反应函数中即可得到其最优决策（表4-4）。

表4-4给出了动态定价合约下供应链成员的最优决策。可以看到，当科技进步较低时（$\theta < \theta_1^d$），均衡状态下零售商会持有战略库存（$I > 0$）。当科技进步较高时（$\theta \geq \theta_1^d$），此时零售商不愿意持有战略库存，其库存水平为零。这一点也与安南德等（Anand et al., 2008）的结论有所不同。

命题4.7　(i) 当科技进步较低时（$\theta < \theta_1^d$），零售商持有战略库存。

(ii) 当科技进步处于中等水平时（$\theta_1^d \leq \theta < \theta_2^d$），零售商具有战略库存威胁。

(iii) 当科技进步较高时（$\theta \geq \theta_2^d$），零售商不会持有战略库存。

生产学习效应及科技进步有助于制造商第二期单位生产成本的降低。当科技进步较低时（$\theta < \theta_1^d$），由科技进步导致的生产成本降低幅度不高，零售商仍会战略性地持有库存来迫使制造商降低第二期的批发价。与4.3.1节中只存在生产学习效应的情形类似，当科技进步处于中等水平时（$\theta_1^d \leq \theta < \theta_2^d$），零售商仍具有战略库存威胁，尽管此时战略库存水平为0，但零售商与制造商的均衡决策仍受到战略库存行为的影响（Anand et al., 2008）。当科技进步较为明显时（$\theta \geq \theta_2^d$），零售商预测到制造商第二期的单位生产成本会大幅降低；相应地，第二期的批发价也会降低。即便库存持有成本 h 为0，零售商在第一期仍不愿意以相对较高的批发价过多地购买产品来获得第二期议价能力的提升。

表 4-4 动态定价合约下供应链成员的最优决策

	$\theta < \theta_1^d$	$\theta_1^d \leq \theta < \theta_2^d$	$\theta \geq \theta_2^d$
w_1^d	$\dfrac{(-\beta^3 - 20\beta^2 + 34\beta + 36)a}{2(-15\beta^2 + 30\beta + 34)} + \dfrac{(\beta^3 - 10\beta^2 + 26\beta + 32)c - (\beta^3 - 3\beta^2 + 12\beta - 10)\theta}{2(-15\beta^2 + 30\beta + 34)}$	$\dfrac{6a + (-\beta + 2)(c - \theta)}{-\beta + 8}$	$\dfrac{(-\beta^3 - 24\beta^2 - 16\beta + 128)a}{32(-\beta^2 + 8)} + \dfrac{(\beta^3 - 8\beta^2 + 16\beta + 128)c - (\beta^3 + 16\beta)\theta}{32(-\beta^2 + 8)}$
s_1^d	$\dfrac{(-\beta^2 + 32\beta + 32)(a - c) - (\beta^2 - 25\beta + 10)\theta}{4(-15\beta^2 + 30\beta + 34)}$	$\dfrac{a - c + \theta}{-\beta + 8}$	$\dfrac{(3\beta + 8)(a - c) + 3\beta\theta}{4(-\beta^2 + 8)}$
I	$\dfrac{(\beta^2 + 14\beta + 20)(a - c) + (\beta^2 + 21\beta - 36)\theta}{4(34 + 30\beta - 15\beta^2)}$	0	0
q_1^d	$\dfrac{(23\beta + 26)(a - c) + 23(\beta - 1)\theta}{2(-15\beta^2 + 30\beta + 34)}$	$\dfrac{a - c + \theta}{-\beta + 8}$	$\dfrac{(3\beta + 8)(a - c) + 3\beta\theta}{4(-\beta^2 + 8)}$
w_2^d	$\dfrac{(-27\beta^2 + 10\beta + 24)a + (-3\beta^2 + 50\beta + 44)c - (-3\beta^2 + 29\beta + 16)\theta}{2(-15\beta^2 + 30\beta + 34)}$	$\dfrac{(-\beta + 4)(a - c) + 4(c - \theta)}{-\beta + 8}$	$\dfrac{(-7\beta^2 - 8\beta + 32)a + (-\beta^2 + 8\beta + 32)c + (\beta^2 - 32)\theta}{8(-\beta^2 + 8)}$
q_2^d	$\dfrac{(-\beta^2 + 9\beta + 6)(a - c) + (-\beta^2 + 2\beta + 13)\theta}{-15\beta^2 + 30\beta + 34}$	$\dfrac{2(a - c + \theta)}{-\beta + 8}$	$\dfrac{(-\beta^2 + 8\beta + 32)(a - c) - (\beta^2 - 32)\theta}{16(-\beta^2 + 8)}$
s_2^d	$\dfrac{(-3\beta^2 + 50\beta + 44)(a - c) + (-3\beta^2 + 29\beta + 16)\theta}{4(-15\beta^2 + 30\beta + 34)}$	$\dfrac{2(a - c + \theta)}{-\beta + 8}$	$\dfrac{(-\beta^2 + 8\beta + 32)(a - c) - (\beta^2 - 32)\theta}{16(-\beta^2 + 8)}$
π_r^d	$\dfrac{(53\beta^4 - 534\beta^3 + 630\beta^2 + 2384\beta + 1240)(a - c)^2}{8(-15\beta^2 + 30\beta + 34)^2} + \dfrac{(106\beta^4 - 746\beta^3 + 980\beta^2 + 2108\beta + 296)\theta(a - c)}{8(-15\beta^2 + 30\beta + 34)^2} +$	$\dfrac{(-\beta + 5)(a - c + \theta)^2}{(\beta - 8)^2}$	$\dfrac{(7\beta^4 - 48\beta^3 - 176\beta^2 + 768\beta + 2048)(a - c)^2}{256(\beta^2 - 8)^2} + \dfrac{2(7\beta^4 - 24\beta^3 - 112\beta^2 + 384\beta + 1024)(a - c)\theta}{256(\beta^2 - 8)^2} +$
	$\dfrac{(53\beta^4 - 212\beta^3 + 7\beta^2 + 410\beta + 1114)\theta^2}{8(-15\beta^2 + 30\beta + 34)^2}$		$\dfrac{(7\beta^4 - 112\beta^2 + 1024)\theta^2}{256(\beta^2 - 8)^2}$
π_m^d	$\dfrac{(\beta^2 + 44\beta + 36)(a - c)^2}{4(-15\beta^2 + 30\beta + 34)} + \dfrac{2(\beta^2 + 21\beta + 10)\theta(a - c)}{4(-15\beta^2 + 30\beta + 34)} + \dfrac{(\beta^2 - 2\beta + 33)\theta^2}{4(-15\beta^2 + 30\beta + 34)}$	$\dfrac{(a + \theta - c)(14a - 14c + (\beta + 6)\theta)}{(\beta - 8)^2}$	$\dfrac{(128 + 48\beta + \beta^2)(a - c)^2}{64(-\beta^2 + 8)} + \dfrac{2(\beta^2 + 24\beta + 64)(a - c)\theta + (64 + \beta^2)\theta^2}{64(-\beta^2 + 8)}$

科技进步抑制了零售商的战略库存行为，特别是当科技进步足够明显时，动态定价合约就能够完全消除战略库存，这也进一步拓展了现有（Anand et al.，2008；Gu，2014）的结论。

推论 4.12　θ_i^d（$i=1,2$）随着生产学习效应 β 的增加而单调递增，即 $\partial \theta_i^d / \partial \beta > 0$。

制造商成本降低主要来自生产学习和科技进步两个方面，并且来自科技进步的成本降低不会受到前期制造商生产量的影响。由 4.3.1 节中的结论可知，当生产学习效应 β 增加时，零售商持有库存的意愿增加。那么只有当科技进步 θ 变得更高，生产成本变得更低时，第二期相对较低的批发价便能够有效地阻止战略库存行为，零售商才会放弃持有库存。

推论 4.13 给出了科技进步对供应链成员决策及其利润的影响。

推论 4.13　（i）当 $\theta < \theta_1^d$ 时，$\partial w_1^d / \partial \theta > 0$，$\partial s_1^d / \partial \theta < 0 \Leftrightarrow \beta < \dfrac{25 - 3\sqrt{65}}{2}$，$\partial I / \partial \theta < 0$；$\partial q_1^d / \partial \theta < 0$，$\partial w_2^d / \partial \theta < 0$，$\partial q_2^d / \partial \theta > 0$，$\partial s_2^d / \partial \theta > 0$，$\partial \pi_r^d / \partial \theta > 0$，$\partial \pi_m^d / \partial \theta > 0$，$\partial \pi_s^d / \partial \theta > 0$。

（ii）当 $\theta \geq \theta_1^d$ 时，$\partial w_i^d / \partial \theta < 0$，$\partial s_i^d / \partial \theta > 0$，$\partial q_i^d / \partial \theta > 0$，$\partial \pi_r^d / \partial \theta > 0$，$\partial \pi_m^d / \partial \theta > 0$，$\partial \pi_s^d / \partial \theta > 0$。

推论 4.13（i）说明，随着进步幅度增加，第二期生产成本的降低会使得第二期的批发价降低，因此零售商的库存持有水平 I 降低，第二期的订购量与销量增加。由于 I 对于 θ 的响应度较强，I 的降低导致零售商第一期总的订购量降低。由科技进步导致的第二期单位生产成本越小，制造商越不愿意看到零售商的在持有库存，因此制造商会继续提高第一期的批发价格 w_1^d 以抑制零售商的战略库存行为。虽然技术进步带来的成本降低与第一期的订购量 q_1^d 无关，但当 q_1^d 较高时，源自生产学习的成本降低更大。在生产学习效果显著时，虽然第一期的批发价 w_1^d 上升，但零售商仍会在第一期增加销量以获得这种类型的成本降低。在生产学习效应不明显时，较高

的批发价 w_1^d 会使零售商减少订购量。

推论 4.13（ii）说明，在零售商持有库存水平为零或不持有库存时，科技进步的增加降低了两期的批发价，增加了两期的销量，提高了供应链成员的利润。

推论 4.14 （i）当 $\theta < \theta_1^d$ 时，$w_1^d > w_2^d$，$q_1^d > q_2^d \Leftrightarrow \theta < \theta_{q_1}$，$s_1^d < s_2^d$。

（ii）当 $\theta \geq \theta_1^d$ 时，$w_1^d > w_2^d$；$q_1^d(s_1^d) < q_2^d(s_2^d)$。

其中 $\theta_{q_1} = (2\beta^2 + 5\beta + 14)(a - c)/(49 - 19\beta - 2\beta^2)$。

推论 4.14（i）表明，当零售商持有战略库存时（$\theta < \theta_1^d$），第一期的批发价要高于第二期的批发价。一方面是因为制造商故意提高批发价来抑制零售商的战略库存行为，防止零售商持有过多的库存（Roy et al.，2019）；另一方面是因为第二期单位生产成本的降低。由于战略库存的存在，零售商会将部分库存转移到第二期进行售卖，因此第一期的销量要低于第二期的销量。值得注意的是，当科技进步 θ 相对较低时（$\theta < \theta_{q_1}$），战略库存水平相对较高，因此第一期的订购量要高于第二期的订购量；当科技进步相对较高时（$\theta > \theta_{q_1}$），一方面零售商的战略库存水平相对较低，另一方面第二期相对较低的批发价会使得零售商在第二期的订购更多。

推论 4.13（ii）则说明，当科技进步不是太低（$\theta \geq \theta_1^d$），零售商的库存水平为零时，零售商当期的订购量等同于销量。由于科技进步及学习效应会降低第二期的单位生产成本，因此制造商第二期的批发价相对较低，从而零售商第二期的销量及订购量相对较高。

4.6.2 价格承诺合约

在价格承诺合约下，零售商和制造商的总利润分别为

$$\pi_r = (a - s_1)s_1 - w_1 q_1 + (a - s_2)s_2 - w_2 q_2 \tag{4-73}$$

$$\pi_m = (w_1 - c)q_1 + (w_2 - c + \theta + \beta q_1)q_2 \tag{4-74}$$

最大化零售商与制造商的利润，有命题 4.8。

命题 4.8 在价格承诺合约下，制造商的最优决策为

$$w_1^c = \frac{(8-2\beta-\beta^2)a + (8+2\beta)c - 2\beta\theta}{16-\beta^2} \quad (4-75)$$

$$w_2^c = \frac{(8-2\beta-\beta^2)a + (8+2\beta)c - 8\theta}{16-\beta^2} \quad (4-76)$$

零售商的最优决策分别为

$$q_1^c = s_1^c = \frac{(4+\beta)(a-c)+\beta\theta}{16-\beta^2}, q_2^c = s_2^c = \frac{(4+\beta)(a-c)+4\theta}{16-\beta^2}, I = 0 \quad (4-77)$$

零售商、制造商及整体供应链的利润分别为

$$\pi_m^c = \frac{(4+\beta)(a-c)^2 + (4+\beta)\theta(a-c) + 2\theta^2}{16-\beta^2} \quad (4-78)$$

$$\pi_r^c = \frac{2(4+\beta)^2(a-c)^2 + 2(4+\beta)^2\theta(a-c) + (16+\beta^2)\theta^2}{(16-\beta^2)^2} \quad (4-79)$$

$$\pi_s^c = \frac{(6-\beta)(4+\beta)^2(a-c)^2 + (6-\beta)(4+\beta)^2\theta(a-c) + (48-\beta^2)\theta^2}{(16-\beta^2)^2} \quad (4-80)$$

与 4.3.2 节中的结论类似，在价格承诺合约下，由于产品两期的批发价事先给定，零售商无法通过持有库存来迫使制造商战略降价，因此零售商不会持有库存（Anand et al., 2008）。另外，由命题 4.6 可知，由于存在生产学习效应及科技进步，第二期的生产成本降低，从而第二期的批发价相对较低，第二期的订购量（销量）相对较高。而且随着科技进步增加，制造商的两期的批发价降低，零售商两期的订购量及供应链成员的利润增加。

4.6.3 均衡决策比较

表 4-5 给出了制造商与零售商在两种合约下的决策比较。这里定义 $\theta_q = \dfrac{(\beta+4)(7\beta^2+6\beta+36)(a-c)}{-7\beta^3+37\beta^2-300\beta+368}$，$\theta_w = \dfrac{(\beta+4)(3\beta^3-2\beta^2+36\beta+40)(a-c)}{-3\beta^4+29\beta^3-176\beta^2+16\beta+288}$，

$$\theta_s = \frac{(\beta+4)(3\beta^3 - 2\beta^2 + 36\beta + 40)(a-c)}{-3\beta^4 + 29\beta^3 - 176\beta^2 + 16\beta + 288}, \theta_d = \frac{(\beta+4)(a-c)}{2(2-\beta)}。$$

表4-5 动态定价合约与价格承诺合约下均衡决策的比较

变量	$\theta < \theta_1^d$	$\theta_1^d \leq \theta < \theta_2^d$	$\theta \geq \theta_2^d$
w_1	$w_1^d > w_1^c$	$w_1^d > w_1^c$	$w_1^d > w_1^c$
q_1	$q_1^d > q_1^c \Leftrightarrow \theta < \theta_q$	$q_1^d < q_1^c \Leftrightarrow \theta < \theta_d$	$q_1^d > q_1^c$
s_1	$s_1^d < s_1^c$	$s_1^d < s_1^c \Leftrightarrow \theta < \theta_d$	$s_1^d > s_1^c$
w_2	$w_2^d < w_2^c \Leftrightarrow \theta < \theta_w$	$w_2^d > w_2^c \Leftrightarrow \theta < \theta_d$	$w_2^d < w_1^c$
q_2	$q_2^d < q_2^c$	$q_2^d < q_2^c \Leftrightarrow \theta < \theta_d$	$q_2^d > q_2^c$
s_2	$s_2^d > s_2^c \Leftrightarrow \theta < \theta_s$	$s_2^d < s_2^c \Leftrightarrow \theta < \theta_d$	$s_2^d > s_2^c$

由表4-5可以看到，动态定价合约下制造商总是会在第一期设定较高的批发价。当科技进步幅度较低时（$\theta < \theta_1^d$），均衡状态下的零售商会持有战略库存，特别是科技进步相对较小时（$\theta < \theta_q$），由于战略战略库存水平相对较高，相对于价格承诺合约，动态定价合约下第一期的订购量较高；当科技进步相对较大时（$\theta_q < \theta < \theta_1^d$），为了抑制零售商的战略库存行为，动态定价合约下第一期的批发价随着科技进步的增加而单调递增，价格承诺合约下第一期的批发价关于θ单调递减，因此相对较高的批发价使得零售商在动态定价合约下的订购量相对较小。在动态定价合约下，第二期的批发价w_2^d同时受到第二期的单位生产成本及战略库存水平的影响。当科技进步相对较小时，相对较高战略库存水平能够迫使制造商在第二期提供相对较低的批发价，因此有$w_2^d \leq w_2^c$。当科技进步相对较高时，一方面较低战略库存水平所带来的议价能力相对较低；另一方面，相对于价格承诺合约，动态定价合约下第一期的订购量相对较低，学习效应带来的生产成本下降幅度相对较低，第二期的单位生产成本相对较高，因此$w_2^d \geq w_2^c$。由于零售商的战略库存行为，动态定价合约下第一期的销量与第二期的订购量总是相对较低。在科技进步相对较低时，较高的库存水平会使得零售商在动态定价合约下第一期的订购量与第二期的销量更高；在科技进步相对较

高时，由于动态定价合约下的库存水平较低且第一期与第二期的批发价较高。因此，价格承诺合约下零售商第一期的订购量与第二期的销量更高。

当科技进步幅度处于中等水平时（$\theta_1^d \leqslant \theta < \theta_2^d$），零售商战略库存持有水平为0，持有库存的意愿较低，但零售商仍有战略库存威胁。当科技进步θ增加时，两种合约下的制造商均会降低批发价，且w_1^d关于θ的响应度要强于w_1^c；相应地，$q_1^d(s_1^d)$关于θ的响应度要强于$s_1^c(s_1^c)$。特别是当θ相对较高时（$\theta > \theta_d$），相对于价格承诺合约，动态定价第一期的订购量（销量）较高。相应地，生产学习效应导致的成本下降相对较高，第二期的生产成本相对较低，从而动态定价合约下第二期的批发价相对较低，订购量（销量）相对较高。

当科技进步较为显著时（$\theta \geqslant \theta_2^d$），与4.3节类似，生产学习效应会促使动态定价合约下的零售商订购更多。相应地，其第二期的批发价较低、销量较高。

命题4.9 （i）对于零售商而言，（a）若$\beta < \beta_r^d \approx 0.2398$，存在$\theta_r \in (0, \theta_1^d)$，当$\theta < \theta_r$时，零售商偏好动态定价合约，即$\pi_r^d > \pi_r^c$；当$\theta \in (\theta_{r1}, \theta_{Max})$时，零售商偏好价格承诺合约，即$\pi_r^d < \pi_r^c$。（b）若$\beta \geqslant \beta_r^d$，零售商偏好价格承诺合约，即$\pi_r^d < \pi_r^c$。

（ii）对于制造商而言，（a）若$\beta < \beta_{m1} \approx 0.1282$，存在$\theta_{m1} \in (0, \theta_1^d)$，$\theta_{m3} \in (\theta_1^d, \theta_2^d)$，当$\theta \in [0, \theta_{m1}) \cup (\theta_{m3}, \theta_{Max})$时，制造商偏好动态定价合约，即$\pi_m^d > \pi_m^c$；当$\theta \in (\theta_{m1}, \theta_{m3})$时，制造商偏好价格承诺合约，$\pi_m^d < \pi_m^c$。（b）若$\beta_{m1} \leqslant \beta < \beta_{m2} \approx 0.1882$，存在$\theta_{m1,2} \in (0, \theta_1^d)$，当$\theta \in [0, \theta_{m1}) \cup (\theta_{m2}, \theta_{Max})$时，制造商偏好动态定价合约，即$\pi_m^d > \pi_m^c$；当$\theta \in (\theta_{m1}, \theta_{m2})$时，制造商偏好价格承诺合约，即$\pi_m^d < \pi_m^c$。（c）若$\beta \geqslant \beta_{m2}$，制造商偏好动态定价合约，即$\pi_m^d > \pi_m^c$。

（iii）对于整体供应链而言，存在$\theta_{s1} \in (0, \theta_1^d)$，$\theta_{s2} \in (\theta_1^d, \theta_2^d)$。当$\theta \in [0, \theta_{s1}) \cup (\theta_{s2}, \theta_{Max})$时，供应链偏好动态定价合约，即$\pi_s^d > \pi_s^c$；当

$\theta \in (\theta_{s1}, \theta_{s2})$ 时，供应链偏好价格承诺合约，即 $\pi_s^d < \pi_s^c$。

证明：下面分三种情形讨论。

情形1：（a）当 $\theta < \theta_1^d$ 时，零售商在两种合约下的利润之差为

$$\pi_r^d - \pi_r^c = \frac{g_1(\theta)}{8(-\beta^2+16)^2(-15\beta^2+30\beta+34)^2} \quad (4-81)$$

其中 $g_1(\theta) = (53\beta^8 - 212\beta^7 - 3489\beta^6 + 14394\beta^5 - 13382\beta^4 + 31488\beta^3 - 27744\beta^2 - 156160\beta + 137216)\theta^2 + (106\beta^8 - 746\beta^7 - 6012\beta^6 + 11580\beta^5 + 55592\beta^4 - 45312\beta^3 - 7488\beta^2 - 130560\beta - 220160)(a-c)\theta + (53\beta^8 - 534\beta^7 - 4666\beta^6 + 5072\beta^5 + 54168\beta^4 + 128\beta^3 - 127296\beta^2 - 59904\beta + 21504)(a-c)^2$。

显然 $g_1(\theta)$ 与 $(\pi_r^d - \pi_r^c)$ 正负号相同，又 $g_1(\theta)$ 在 $(0, \theta_1^d)$ 上单调递减，$g_1(0) > 0 \Leftrightarrow \beta < \beta_r^d \approx 0.2398$，$g_1(\theta_1^d) < 0$。因此，若 $\beta < \beta_r^d$，存在唯一的 $\theta_r \in (0, \theta_1^d)$，使得当 $\theta \in (0, \theta_r)$ 时，$g_1(\theta) > 0$；当 $\theta \in (\theta_r, \theta_1^d)$ 时，$g_1(\theta) < 0$。若 $\beta \geq \beta_r^d$，$g_1(\theta) < g_1(0) \leq 0$。其中

$$\theta_r = [-53\beta^7 + 585\beta^6 + 666\beta^5 - 8454\beta^4 + 6020\beta^3 - 1424\beta^2 + 9440\beta + 27520 - 2\sqrt{155\beta^6 - 522\beta^5 + 714\beta^4 - 2512\beta^3 - 1144\beta^2 + 8256\beta + 7744}$$
$$(15\beta^3 - 90\beta^2 + 86\beta + 136)](\beta+4)(a-c)/(53\beta^8 - 212\beta^7 - 3489\beta^6 + 14394\beta^5 - 13382\beta^4 + 31488\beta^3 - 27744\beta^2 - 156160\beta + 137216)$$

$$(4-82)$$

（b）制造商在两种合约下的利润之差为

$$\pi_m^d - \pi_m^c = \frac{f_1(\theta)}{4(-\beta^2+16)(-15\beta^2+30\beta+34)} \quad (4-83)$$

其中 $f_1(\theta) = (-\beta^4 + 2\beta^3 + 103\beta^2 - 272\beta + 256)\theta^2 + (-2\beta^4 + 18\beta^3 + 132\beta^2 + 56\beta - 224)(a-c)\theta + (-\beta^4 + 16\beta^3 + 100\beta^2 + 88\beta + 32)(a-c)^2$，$f_1(\theta)$ 是关于 θ 的一元二次函数且开口向上，并与 $(\pi_m^d - \pi_m^c)$ 的符号同号。由 $\partial f_1(\theta)/\partial \theta = 0$ 可得 $f_1(\theta)$ 的极小值点 θ_{m1} 为

$$\theta_{\min} = \frac{(\beta^4 - 9\beta^3 - 66\beta^2 - 28\beta + 112)(a-c)}{(-\beta^4 + 2\beta^3 + 103\beta^2 - 272\beta + 256)} < \theta_1^d$$

又 $f_1(\theta_{min}) > 0 \Leftrightarrow \beta > \beta_{m2} \approx 0.1882$, $f_1(0) > 0$, $f_1(\theta_1^d) > 0 \Leftrightarrow \beta > \beta_{m1} \approx 0.1282$。根据 $f_1(0)$、$f_1(\theta_{min})$ 及 $f_1(\theta_1^d)$ 的正负性分三种情形讨论：①若 $\beta > \beta_{m1}$，$f_1(\theta) \geqslant f_1(\theta_{min}) > 0$。②若 $\beta_{m1} \leqslant \beta \leqslant \beta_{m2}$，$f_1(\theta_{min}) \leqslant 0$，$f_1(\theta_1^d) \geqslant 0$，存在两个实根 θ_{m1}，θ_{m2}（$\theta_{m1} \leqslant \theta_{m2}$）满足 $f_1(\theta_{m1,2}) = 0$，且当 $\theta \in (0, \theta_{m1}) \cup (\theta_{m2}, \theta_1^d)$ 时，$f_1(\theta) > 0$；当 $\theta \in (\theta_{m1}, \theta_{m2})$ 时，$f_1(\theta) < 0$。③当 $\beta < \beta_{m1}$ 时，$f_1(\theta_{min}) < 0$，$f_1(\theta_1^d) < 0$，存在唯一的 $\theta_{m1} \in (0, \theta_{m1})$（此时 $\theta_{m2} > \theta_1^d$）满足 $f_1(\theta_{m1}) = 0$，当 $\theta \in (0, \theta_{m1})$ 时，$f_1(\theta) > 0$；当 $\theta \in (\theta_{m1}, \theta_1^d)$，$f_1(\theta) < 0$。其中，$\theta_{m1,2} = (\beta + 4)(\beta^3 - 13\beta^2 - 14\beta + 28) / -\beta^4 + 2\beta^3 + 103\beta^2 - 272\beta + 256 \mp 2\sqrt{(2\beta^2 - 11\beta + 2)(-15\beta^2 + 30\beta + 34)(16 - \beta^2)}$ $(a - c) / -\beta^4 + 2\beta^3 + 103\beta^2 - 272\beta + 256$。

（c）供应链在两种合约下的利润之差为

$$\pi_s^d - \pi_s^c = \frac{\phi_1(\theta)}{8(\beta^2 - 16)^2(15\beta^2 - 30\beta - 34)^2} \quad (4-84)$$

其中 $\phi_1(\theta) = (23\beta^8 - 92\beta^7 + 29\beta^6 - 2002\beta^5 - 44994\beta^4 + 266240\beta^3 - 317088\beta^2 - 206336\beta + 415744)\theta^2 + (46\beta^8 - 86\beta^7 - 2036\beta^6 - 6444\beta^5 - 11720\beta^4 + 83744\beta^3 + 312640\beta^2 - 284672\beta - 463872)(a - c)\theta + (23\beta^8 + 6\beta^7 - 2078\beta^6 - 8016\beta^5 + 9320\beta^4 + 63392\beta^3 + 48448\beta^2 + 66560\beta + 56320)(a - c)^2$，$\phi_1(\theta)$ 是关于 θ 的一元二次函数且开口向上，并与 $(\pi_s^d - \pi_s^c)$ 的符号相同，易证 $\phi_1(0) > 0$，$\phi_1(\theta_1^d) < 0$，根据 $\phi_1(\theta)$ 函数的性质可知，存在唯一的 $\theta_{s1} \in (0, \theta_1^d)$ 满足 $\phi_1(\theta_{s1}) = 0$，且当 $\theta \in (0, \theta_{s1})$，$\phi_1(\theta) > 0$；当 $\theta \in (\theta_{s1}, \theta_1^d)$ 时，$\phi_1(\theta) < 0$。其中

$$\theta_{s1} = [(\beta + 4)(-23\beta^6 + 227\beta^5 - 430\beta^4 + 3030\beta^3 - 11500\beta^2 + 1648\beta + 14496) - 2(15\beta^3 - 90\beta^2 + 86\beta + 136)$$
$$\sqrt{3\beta^6 - 12\beta^5 + 1382\beta^4 + 3180\beta^3 - 23176\beta^2 - 3072\beta + 25664}]$$
$$(\beta + 4)(a - c) / (23\beta^8 - 92\beta^7 + 29\beta^6 - 2002\beta^5 - 44994\beta^4 + 266240\beta^3 - 317088\beta^2 - 206336\beta + 415744)$$

$$(4-85)$$

情形2：当 $\theta_1^d \leq \theta < \theta_2^d$ 时

（a）零售商在两种合约下的利润之差为

$$\pi_r^d - \pi_r^c = \frac{g_2(\theta)}{(16-\beta^2)^2(8-\beta)^2} \quad (4-86)$$

其中 $g_2(\theta) = (-\beta^5 + 4\beta^4 + 48\beta^3 - 240\beta^2 + 256)\theta^2 + (-2\beta^5 + 8\beta^4 + 80\beta^3 - 224\beta^2 - 1024\beta + 512)(a-c)\theta + (-\beta^5 + 3\beta^4 + 48\beta^3 - 64\beta^2 - 768\beta - 768)(a-c)^2$。$g_2(\theta)$ 与 $(\pi_r^d - \pi_r^c)$ 的符号相同，且在区间 $[\theta_1^d, \theta_2^d)$ 上关于 θ 单调递增，易证 $g_2(\theta_2^d) < 0$，因此有 $g_2(\theta) \leq g_2(\theta_2^d) < 0$。

（b）制造商在两种合约下的利润之差为

$$\pi_m^d - \pi_m^c = \frac{f_2(\theta)}{4(-\beta^2+16)(\beta-8)^2} \quad (4-87)$$

其中 $f_2(\theta) = (-\beta^3 - 8\beta^2 + 48\beta - 32)\theta^2 + (-2\beta^3 - 8\beta^2 + 16\beta + 64)(a-c)\theta - (\beta^3 + 2\beta^2 + 32)(a-c)^2$，显然 $f_2(\theta)$ 与 $(\pi_m^d - \pi_m^c)$ 的符号相同，且在区间 $[\theta_1^d, \theta_2^d)$ 上单调递增，又 $f_2(\theta_1^d) > 0 \Leftrightarrow \beta > \beta_{m1}$，$f_2(\theta_2^d) > 0$，由 $f_2(\theta_1^d)$ 及 $f_2(\theta_2^d)$ 的正负性可知，若 $\beta \leq \beta_{m1}$，$f_2(\theta_1^d) \leq 0$，$f_2(\theta_2^d) > 0$，由 $f_2(\theta)$ 的单调性可知，存在唯一的 $\theta_{m3} \in [\theta_1^d, \theta_1^d)$ 满足 $f_2(\theta_{m3}) = 0$，且当 $\theta \in [\theta_1^d, \theta_{m3})$ 时，$f_2(\theta) < 0$；当 $\theta \in (\theta_{m3}, \theta_2^d)$ 时，$f_2(\theta) > 0$；若 $\beta > \beta_{m1}$，$f_2(\theta) > f_2(\theta_1^d) > 0$。其中

$$\theta_{m3} = \frac{(\beta+4)(-\beta^2+8) + (\beta-8)\sqrt{2\beta(-\beta^2+16)}}{\beta^3 + 8\beta^2 - 48\beta + 32}(a-c)$$

$$(4-88)$$

（c）供应链在两种合约下的利润之差为

$$\pi_s^d - \pi_s^c = \frac{\phi_2(\theta)}{(\beta^2-16)^2(\beta-8)^2} \quad (4-89)$$

其中 $\phi_2(\theta) = (2\beta-4)(6\beta^3 + 4\beta^2 - 160\beta + 64)\theta^2 + [(2\beta-4)(5\beta^3 + 12\beta^2 - 112\beta - 320) + (\beta+4)(6\beta^3 + 4\beta^2 - 160\beta + 64)](a-c)\theta + (\beta +

$4)(5\beta^3 + 12\beta^2 - 112\beta - 320)(a-c)^2$,易证 $\phi_2(\theta)$ 与 $(\pi_s^d - \pi_s^c)$ 的符号相同,且在区间 $[\theta_1^d, \theta_2^d)$ 上单调递增,$\phi_2(\theta_1^d) < 0$,$\phi_2(\theta_2^d) > 0$。由 $\phi_2(\theta)$ 的单调性可知,存在唯一的 $\theta_{s2} \in [\theta_1^d, \theta_2^d)$ 满足 $\phi_2(\theta_{s2}) = 0$,且当 $\theta \in [\theta_1^d, \theta_{s2})$ 时,$\phi_2(\theta) < 0$;当 $\theta \in (\theta_{s2}, \theta_2^d)$ 时,$\phi_2(\theta) > 0$。其中

$$\theta_{s2} = \frac{(\beta+4)(a-c)}{2(-\beta+2)} \qquad (4-90)$$

情形 3:当 $\theta \geq \theta_2^d$ 时,$\pi_r^d - \pi_r^c = \beta[(7\beta^5 - 104\beta^4 - 192\beta^3 + 1408\beta^2 + 1280\beta - 4096)(\beta+4)^2(a-c)^2 + 2(7\beta^5 - 80\beta^4 - 64\beta^3 + 896\beta^2 + 256\beta - 2048)(\beta+4)^2\theta(a-c) + \beta(7\beta^6 - 592\beta^4 + 6400\beta^2 - 12288)\theta^2]/[256(\beta^2 - 16)(\beta^2 - 8)^2] < 0$,类似可证 $\pi_m^d > \pi_m^c$,$\pi_s^F > \pi_s^c$。综上,命题得证。

当库存持有成本为零时,生产学习效应与科技进步是影响零售商库存决策的重要因素。命题 4.9 (i) 说明若生产学习效应较高 ($\beta \geq \beta_r^d$),零售商持有库存会损害自身利润,这一点也与命题 4.3 中的结论类似。若生产学习效应较低 ($\beta < \beta_r^d$),当且仅当科技进步相对较低时,战略库存才能为零售商带来更多的利润。这是因为,科技进步带来的成本降低不会受到战略库存行为的影响。随着科技进步 θ 增加,动态合约下第一期的批发价增加,价格承诺合约下第一期的批发价降低,这也意味着零售商每多持有一件库存,所付出的批发价成本就会越来越高。当 θ 相对较低时,此时零售商所花费的批发价成本相对不是太高,并且较高的战略库存水平能够削弱制造商在第二期的垄断力,从而会使得零售商受益;当 θ 相对较高时,较高的批发价成本带来的负效应相对于战略库存行为所带来议价能力提升带来的正效应占据地位。如图 4-4 所示,只有当生产学习效应与科技进步均不是太高时(区域 A),零售商才会在动态定价合约下获得更高的利润,这也进一步说明了即使零售商持有库存会损害自身的利润,但为在第二期获得更低的批发价,零售商仍会持有库存。

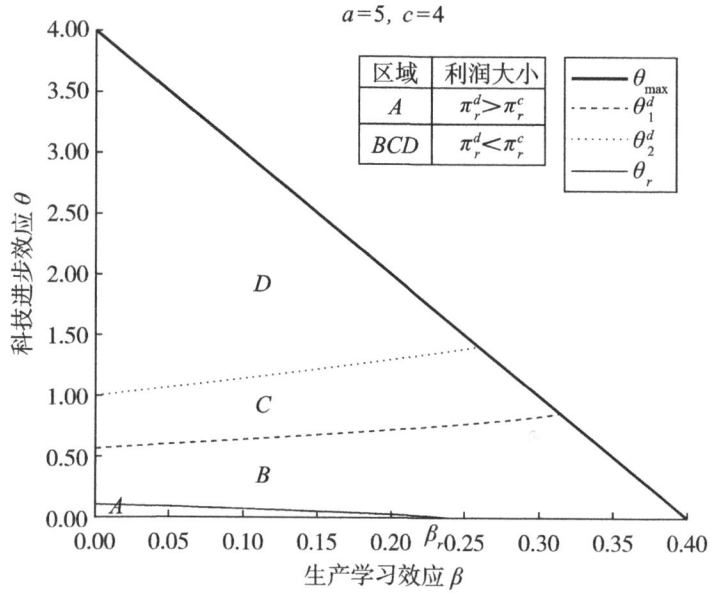

图4-4 $a=5$，$c=4$ 时零售商在两种合约下的利润大小关系

安南德等（Anand et al.，2008）的研究表明，当零售商持有库存时，制造商在第一期的边际利润与订购量总是高于第二期，这也使得制造商总是能够从战略库存行为中受益。如图4-5所示，与安南德等观点不同的是，当存在科技进步及生产学习效应时，战略库存有可能会损害制造商的利润。这是因为科技进步带来的生产的降低与前期的生产数量无关，当技术进步增加时，第二期的单位生产成本降低，动态定价合约下的制造商第二期的边际利润逐渐增加。特别是当科技进步程度相对较高时，制造商在第二期的边际利润必然会高于第一期，这时零售商持有库存越多，对制造商第二期利润的负面影响越大，因此制造商不得不通过提高批发价迫使零售商减少持有库存以增加在第二期的订购量；与此同时，第一期较高的批发价会导致零售商降低在第一期的销量及订购量，由此可见零售商持有库存可能会导致制造商的利润受损。由表4-5可知，在科技进步不是太高时（$\theta < \theta_d$），与价格承诺合约相比，动态定价合约下第二期的订购量相对较低。另外，通过比较动态定价合约与价格承诺合约下第一期批发价，无论

零售商是否持有库存,随着生产学习效应增加,$(w_1^d - w_1^c)$ 严格单调增加,这意味着当生产学习效应显著时,双重边际化效应加剧(Li et al., 2015)。在生产学习效应较低时($\beta < \beta_{m2}$),两种合约下第一期的边际利润相差不是太大;在科技进步相对较低时,成本下降相对较小,动态定价下的制造商在第一期的边际利润较高,且第一期的订购量相对较高,因此制造商偏好动态定价合约。若科技进步处于中等水平,动态定价合约下第一期的订购量较低,且战略库存行为引发的制造商第二期利润降低带来的负效应占据主导地位,从而制造商在价格承诺合约下的利润更高。若科技进步较高,零售战略库存水平较低(有可能为0),战略库存带来的负效应较低,此时制造商在动态定价合约下的利润更高;当生产学习效应显著时($\beta \geq \beta_{m2}$),双重边际化效应加剧,动态定价合约下的制造商在第一期总能保证相对较高的边际利润,因此动态定价合约下的制造商利润更高。

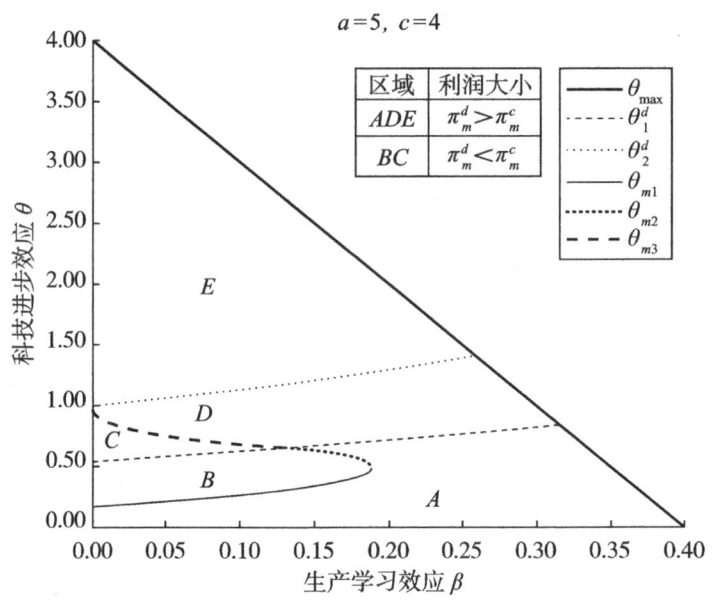

图4-5 当 $a=5$, $c=4$ 时制造商在两种合约下的利润大小关系

如图4-6所示,整体供应链对合约的偏好依赖于科技进步与学习效应。命题4.9(i)与命题4.9(ii)说明,战略库存不一定增加零售商与

制造商的利润。在科技进步相对较小时（$\theta < \theta_{s1}$），其带来的成本下降相对较小，此时战略库存能够仍能够降低平均批发价，从而动态定价合约下的供应链利润较高。在科技进步处于中等水平时（$\theta_{s1} < \theta < \theta_{s2}$），动态定价的制造商在第二期的边际利润较高，零售商持有库存会对制造商第二期的利润造成损失。另外，相对于价格承诺合约，战略库存导致两期的批发价相对较高，加剧了双重边际化效应，因此整体供应链在价格承诺合约下的利润较高。在科技进步相对较高时（$\theta \geq \theta_{s2}$），零售商持有库存威胁较低，动态定价合约下的零售商在第一期时订购更多，第二期的单位生产成本相对较低，动态定价合约灵活定价优势明显，此时供应链在动态定价合约下的利润更高。在科技进步能够较好的抑制零售商的战略库存行为时，制造商灵活定价优越性会激励着零售商订购更多，从而增加了整体供应链的利润。

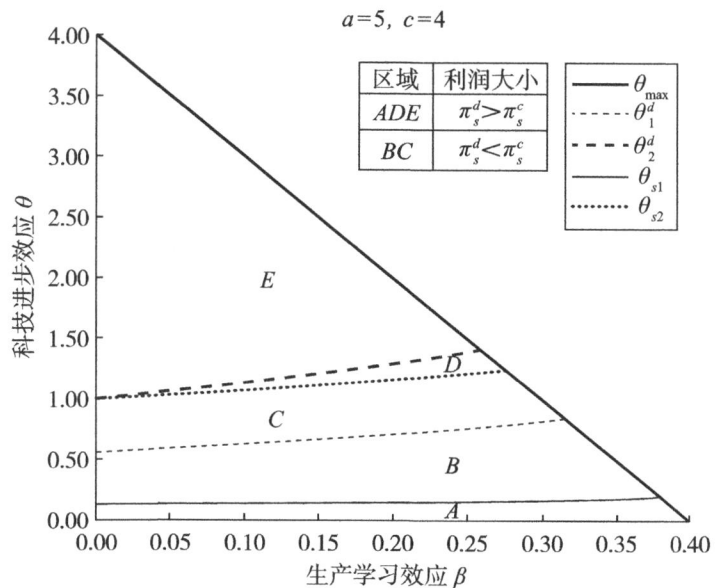

图 4-6　当 $a=5$，$c=4$ 时供应链在两种合约下的利润大小关系

经过验证，若库存不可观测，在动态定价合约下，零售商当且仅当科技进步较小时持有库存。通过比较库存不可观测时的动态定价合约、库存

可观测时的动态定价合约、价格承诺合约三种合约下供应链成员的利润，我们发现，库存不可观测性总是能为制造商与整体供应链带来更高的利润。当零售商持有库存时，若科技进步相对较低（高），库存不可观测下的零售商利润最低（高）。这也与罗伊等（Roy et al.，2019）及命题 4.5 的结论类似。

4.7 本章小结

首先，本章考虑了生产成本仅受到生产学习效应影响时，零售商的战略库存行为，并分析了库存持有成本、生产学习效应对最优决策的影响。结果表明：当库存持有成本较低时，制造商并不能消除零售商的战略库存行为，且学习效应会激励零售商的战略库存行为；随着生产学习增加，由于存在战略库存行为，第一期的批发价有可能单调递增；战略库存行为能够为增加制造商的利润；对于零售商来说，只有当生产学习效应与库存持有成本均较低时，战略库存才能为零售商的带来更多的利润；对于供应链来说，若生产学习效应较低，当且仅当库存持有成本相对较低或相对较高时，供应链在动态定价合约下的利润更高。若生产学习效应较高，战略库存能够为供应链带来更低的生产成本，从而提升了整体供应链效率，使其在动态定价合约下的利润更高。

其次，本章考虑了库存的不可观测性对战略库存行为及供应链决策的影响。当库存持有成本较低时，零售商仍会战略性地持有库存；由于存在生产学习效应，当库存持有成本处于中等水平时，战略库存水平随着 h 的增加单调递增；通过比较库存可观测性、库存不可观测及价格承诺合约下供应链成员的利润，发现当零售商持有库存时，由于库存不可观测性下的制造商拥有先动优势，因此其利润总是最高，且库存不可观测时的整体供应链效率也是最高的。对于零售商来说，当库存持有成本相对较低时，由于库存不可观测时的批发价相对较高，零售商的利润在此情形下最低；若库存持有成本相对较高，库存不可观测下的零售商利润最高。

最后，本章考虑了同时存在生产学习效应与科技进步时的情形。我们发现当库存科技进步较高时，即使库存持有成本为 0，零售商仍不愿意持有库存。随着科技进步的增加，当零售商持有库存时，第一期的批发价单调递增。制造商第一期的边际利润不再总是高于第二期的边际利润，这也使得在一定条件下，战略库存行为损害了制造商与整体供应链利润。对于零售商来说，只有当生产学习效应及科技进步均较低时，战略库存才能够使零售商获益；对于制造商来说，当生产学习效应较低时，若科技进步水平处于中等水平，战略库存行为会降低制造商在第二期的利润，从而导致制造商总利润受损。当生产学习效应较高时，战略库存总是能够为制造商带来更高的利润；对于整体供应链来说，只有当科技进步较低或科技进步较高时，它才会选择动态定价合约。

总的来说，战略库存行为并不一定能够为零售商或制造商带来更高的利润，企业在制定供应链合约时应充分考虑生产学习效应、科技进步及库存的透明性等因素。

5 动态成本削减下的战略库存研究

本章旨在探讨制造商成本削减行为与零售商战略库存之间的交互影响。构建了一个两期销售模型，分散供应链中的制造商具有成本削减能力，考虑了两种实际生产生活中常见的成本削减方式，第一种是制造商只在销售初期拥有一次成本削减机会，在进行成本削减后，两个销售周期内的生产成本保持不变；第二种是制造商在每个销售期开始前均有一次成本削减机会，制造商的单位生产成本逐期递减。基于此，分别得到了零售商在不同成本削减方式下的战略库存水平及供应链成员的最优决策，进一步分析成本削减效率对战略库存水平的影响。通过分析比较供应链成员在动态定价合约与价格承诺合约下的均衡决策，探讨战略库存与成本削减投资如何共同影响供应链成员的利润。

本章内容安排如下：5.1 节介绍了本章的研究背景以及问题。5.2 节建立需求模型，并给出相应的模型假设。5.3 节分别对固定成本削减与动态成本削减下的决策进行分析，得到了零售商持有库存的充要条件，并进一步讨论了零售商的战略库存行为对零售商、制造商及整体供应链的影响。

5.1 研究背景

创新是引领发展的第一动力。2015 年 5 月，国务院印发《中国制造 2025》指出，"基于信息物理系统的智能装备、智能工厂等智能制造正在引领制造方式变革"，并强调"要着力发展智能装备和智能产品，推进生产过程智能化，培育新型生产方式，全面提升企业研发、生产、管理和服务的智能化水平"。例如，美的集团5年投入50亿元用于生产线升级的研发和购买机器臂等智能设备，使得整个生产线的生产成本下降20%。保持成本竞争力是企业生存发展的重要驱动力，智能装备的广泛应用有助于制造业企业缓解劳动力成本不断上涨、技工短缺的困境，因此坚持创新不仅是企业所需，更是国家所需。

在分散的供应链当中，由于存在双重边际效应，成本削减投资水平可能无法达到最优水平（田巍 等，2008）。战略库存能够降低平均批发价，是缓解双重边际效应，提升供应链效率的有效途径（Anand et al.，2008）。因此，在上游制造商进行成本削减时，研究零售商的战略库存行为对供应链效率的影响，有助于企业提高市场竞争力。市场需求是影响上游企业制定成本削减计划的重要因素（Ha et al.，2017），特别是在进行动态成本削减时，制造商应根据每期的市场需求确定最优的成本削减投资水平（Bernstein，Kök，2009）。在面对零售商的战略库存行为时，制造商将如何依据零售商的战略库存行为进行定价决策？成本削减效率将如何影响供应链成员的最优决策？战略库存及成本削减效率对供应链成员的利润产生了怎样的影响？本章将主要研究以上问题。

5.2 模型描述

考虑包含一个制造商与一个零售商的两阶段动态博弈模型，在每个销售周期内，均由零售商将产品销售给终端的顾客。假定两期的市场规模固定且保持不变，与文献（Erhun et al.，2008；Li et al.，2013）类似，零售商第 i 期的逆需求函数为

$$p_i = a - s_i \quad (i = 1,2) \tag{5-1}$$

其中 s_i 与 p_i 为第 i 期市场的销量及出清价格，零售商第一期的订购量为 q_1。若零售商将第一期未出售的库存 $I(I \leq q_1 - s_1)$ 转移到第二期进行售卖，需花费的单位库存持有成本为 $h(h \geq 0)$；否则，未出售的库存将按

残值 0 处理。

不失一般性，假定制造商和零售商均为风险中性，零售商的销售成本为 0（销售成本大于零并不会影响本书的主要结论），产品的初始单位生产成本为 $c(0<c<a)$，制造商可以通过投资、引进新技术等创新活动来降低产品的单位生产成本，令 x_i 表示制造商在第 i 期的成本削减投资水平，削减后的第 i 期的单位生产成本 c_i 为 $c_{i-1}-x_i$，其中 $c_0=c$。若在第二期制造商有能力进行持续性的成本削减，假定第二期其成本削减水平为 x_2，那么削减后的第二期生产成本 c_2 为 $(c-x_1-x_2)$。制造商每期的成本削减投资成本具有二次形式 $C(x_i)=kx_i^2/2(i=1,2)$ [类似的二次型成本函数在文献中较为常见（Banerjee，Lin，2003；Gilbert et al.，2006；Ha et al.，2017）]，这里 k 表示投资成本有效性系数，k 越大说明制造商的投资效率越低。

5.3 模型分析

根据制造商拥有的成本削减机会，分为以下两种情形讨论。情形 1：制造商只有一次成本削减机会（固定成本削减，即 FC 情形）；情形 2：制造商的在每个销售期开始前均有一次成本削减机会（动态成本削减，即 DC 情形）。

5.3.1 固定成本削减

与吉尔伯特和西维萨（Gilbert，Cvsa，2003）类似，假定在 FC 情形下，制造商在整个销售周期内只有一次成本削减的机会，通常在整个销售周期前成本就已经确定，且在整个销售周期内制造商的单位生产成本不会发生改变。为使得模型有意义，防止成本削减为 0，这里假定制造商的成本削减效率 k 满足 $k>9a/(17c)$。

5.3.1.1 动态定价合约

在动态定价合约下，决策顺序为：①在第一期开始前，制造商首先决策成本削减水平 x 及批发价 w_1；②在观测到制造商第一期的批发价后，零售商决定第一期产品的订购量 q_1 及销量 s_1，并在第一期销售结束后，零售商将剩余库存 I 转移到第二期继续售卖；③在第二期开始前，制造商决策第二期的批发价 w_2；④零售商根据剩余库存及 w_2 制定第二期产品的订购量 q_2 及销量 s_2。利用逆序推导法，有命题5.1。

命题 5.1 在动态定价合约下，零售商与制造商的最优决策见表 5-1。

表 5-1 动态定价合约下供应链成员的最优决策

变量	$h < \dfrac{k(a-c)}{2(2k-1)}$	$h \geq \dfrac{k(a-c)}{2(2k-1)}$
w_1^d	$\dfrac{9(k-1)a + 8kc + 2(1-k)h}{17k-9}$	$\dfrac{(k-1)a + ck}{2k-1}$
x^d	$\dfrac{9a - 2h - 9c}{17k-9}$	$\dfrac{a-c}{2k-1}$
p_1^d	$\dfrac{(13k-9)a + 4ck + (1-k)h}{17k-9}$	$\dfrac{k(a-c)}{2k-1}$
q_1^d	$\dfrac{13k(a-c) + (8-18k)h}{34k-18}$	$\dfrac{k(a-c)}{4k-2}$
s_1^d	$\dfrac{4(a-c)k - (1-k)h}{17k-9}$	$\dfrac{k(a-c)}{4k-2}$
I	$\dfrac{5(a-c)k - 10(2k-1)h}{2(17k-9)}$	0
w_2^d	$\dfrac{3(2k-3)a + 11ck + 2(5k-2)h}{17k-9}$	$\dfrac{(k-1)a + ck}{2k-1}$
p_2^d	$\dfrac{(23k-18)a + 11ck + (10k-4)h}{2(17k-9)}$	$\dfrac{k(a-c)}{2k-1}$
q_2^d	$\dfrac{3k(a-c) + (5k-3)h}{17k-9}$	$\dfrac{k(a-c)}{4k-2}$
s_2^d	$\dfrac{11(a-c)k - (10k-4)h}{2(17k-9)}$	$\dfrac{k(a-c)}{4k-2}$
π_r^d	$\dfrac{155k^2(a-c)^2 - 2(59k-13)kh(a-c) + 4(76k^2 - 77k + 20)h^2}{4(17k-9)^2}$	$\dfrac{k^2(a-c)^2}{2(2k-1)^2}$
π_m^d	$\dfrac{9k(a-c)^2 - 4kh(a-c) + 4(2k-1)h^2}{2(17k-9)}$	$\dfrac{k(a-c)^2}{4k-2}$

证明：给定的批发价 w_2，零售商在第二期的利润为

$$\pi_{r2}^d(s_2, q_2) = (a - s_2)s_2 - w_2 q_2 \tag{5-2}$$

容易验证零售商的持有库存不会过高，且满足 $I \leqslant a/2$。最大化零售商的利润 $\pi_{r2}^d(s_2, q_2)$，不难得出零售商在第二期最优的订购量 q_2 为

$$q_2(w_2) = (a - 2I - w_2)^+ /2 \quad (5-3)$$

相应地，零售商在第二期最优的利润为

$$\pi_{r2} = \begin{cases} \dfrac{a^2 + 2(6I - c + x)a - (2I - c + x)(6I + c - x)}{16} & (w_2 \leqslant a - 2I) \\ (a - I)I & (w_2 \leqslant a - 2I) \end{cases} \quad (5-4)$$

制造商在第二期最优的利润为

$$\pi_{r2}(w_2) = \begin{cases} \dfrac{(w_2 - c + x)(a - 2I - w_2)}{2} & (w_2 < a - 2I) \\ 0 & (w_2 \geqslant a - 2I) \end{cases} \quad (5-5)$$

最大化制造商的利润 $\pi_{r2}(w_2)$，分两种情况讨论。情形1：当 $w_2 \geqslant a - 2I$ 时，$q_2^d = 0$，即零售商不在第二期继续购买，此时制造商在第二期的利润为0。情形2：当 $w_2 < a - 2I$ 时，此时 $q_2^d > 0$。易证 $\pi_{m2}(w_2)$ 是关于 w_2 的凹函数，由一阶最优性条件 $\partial \pi_{m2}/\partial w_2 = 0$ 可得到制造商第二期最优的批发价 $w_2^d = (a + x - c - 2I)/2$。若 $I < (a + x - c)/2$，w_2^d 满足约束条件 $w_2 < a - 2I$，且满足 $w_2 \geqslant c - x$；若 $I \geqslant (a - c_2)/2$，制造商最优的批发价应取在边界处，即 $w_2^d = \max(a - 2I, c - x) = c - x$，此时制造商的利润为0。比较情形1与情形2下制造商的利润，可得制造商第二期最优的批发价 w_2^d 为

$$w_2^d = \begin{cases} (a - c + x - 2I)/2 & (I < a - c + x) \\ c - x & (I \geqslant a - c + x) \end{cases} \quad (5-6)$$

将 w_2^d 代入零售商与制造商第二期的利润方程中，有

$$\pi_{r2}^{d*} = \begin{cases} \dfrac{a^2 + 2(6I - c + x)a - (2I - c + x)(6I + c - x)}{16} & (I < a - c + x) \\ (a - I)I & (I \geqslant a - c + x) \end{cases} \quad (5-7)$$

$$\pi_{m2}^{d*} = \begin{cases} \dfrac{(a-2I-c+x)^2}{8} & (I < a-c+x) \\ 0 & (I \geqslant a-c+x) \end{cases} \quad (5-8)$$

相应地，零售商与制造商的总利润分别为

$$\pi_r(s_1, q_1, I) = (a-s_1)s_1 - w_1 q_1 - hI + \pi_{r2}^* \quad (5-9)$$

$$\pi_m(w_1, x) = (w_1-c+x)(s_1+I) - kx^2/2 + \pi_{m2}^{d*} \quad (5-10)$$

在给定批发价 w_1 后，等式 $s_1 + I = q_1$ 始终成立，为求得零售商在第一期的最优决策 (s_1, I)，分两种情形讨论。

情形 1：当 $0 \leqslant I < (a+x-c)/2$ 时，容易验证 $\pi_r(s_1, I)$ 是关于 (s_1, I) 的联合凹函数，联立方程 $\partial \pi_r / \partial s_1 = 0$ 与 $\partial \pi_r / \partial I = 0$，即可得到在无约束条件下零售商的最优决策为

$$s_1 = \frac{a-w_1}{2}, I = \frac{3a+c-x-4w_1-4h}{6} \quad (5-11)$$

若 $w_1 < \dfrac{3a+c-x}{4} - h$，最优解满足约束条件；若 $w_1 \geqslant \dfrac{3a+c-x}{4} - h$，零售商的最优解应在边界 $I = 0$ 处取得，联立 $I = 0$ 及 $\partial \pi_r / \partial s_1 = 0$，即可求得制造商的最优决策为

$$s_1^d = \frac{a-w_1}{2}, I = 0 \quad (5-12)$$

情形 2：当 $I \geqslant (a+x-c)/2$ 时，在无约束条件下最大化零售商的利润，即可得到零售商的最优决策为

$$s_1^d = \frac{a-w_1}{2}, I = \frac{a-w_1-h}{2} \quad (5-13)$$

又 $w_1 \geqslant c-x > c-x-h$，因此最优解在边界 $I = (a+x-c)/2$ 处取得。

比较 $0 \leqslant I < \dfrac{a+x-c}{2}$ 与 $I \geqslant \dfrac{a+x-c}{2}$ 两种情形下零售商的最优利润，即可得到零售商的第一期最优的决策为

$$(s_1^d, I) = \begin{cases} \left(\dfrac{a-w_1}{2}, \dfrac{3a+c-x-4w_1-4h}{6}\right) & \left(w_1 < \dfrac{3a+c-x-4h}{4}\right) \\ \left(\dfrac{a-w_1}{2}, 0\right) & \left(w_1 \geqslant \dfrac{3a+c-x-4h}{4}\right) \end{cases}$$

$$(5-14)$$

将零售商的最优决策 (s_1^d, I) 代入制造商的总利润 $\pi_m(w_1, x)$ 中，同理，分两种情形讨论。

情形1：当 $w_1 < \dfrac{3a + c - x - 4h}{4}$ 时，易证 $\pi_m(w_1, x)$ 是关于 (w_1, x) 的联合凹函数，由一阶最优性条件，联立方程组 $\dfrac{\partial \pi_m(w_1, x)}{\partial w_1} = 0$ 与 $\dfrac{\partial \pi_m(w_1, x)}{\partial x} = 0$，即可得到制造商在第一期最优的决策为

$$w_1^d = \frac{9(k-1)a + 8kc + 2(1-k)h}{17k - 9}, x^d = \frac{9a - 2h - 9c}{17k - 9} \quad (5-15)$$

若 $h < h_F = \dfrac{k(a-c)}{2(2k-1)}$，则最优解满足约束条件 $w_1 < \dfrac{3a + c - x - 4h}{4}$；若 $h \geq h_F$，制造商的最优解应在边界 $w_1 = \dfrac{3a + c - x - 4h}{4}$ 处取得，将 $w_1 = \dfrac{3a + c - x - 4h}{4}$ 代入 $\pi_m(w_1, x)$ 中，由 $\partial \pi_m(x)/\partial x = 0$，即可得到制造商的最优决策为

$$w_1^d = \frac{(12k-7)a + 4kc + 2(3-8k)h}{16k-7}, x^d = \frac{7a - 7c + 4h}{16k - 7} \quad (5-16)$$

情形2：当 $w_1 \geq \dfrac{3a + c - x - 4h}{4}$ 时，同理可证，在无约束条件下，制造商第一期的最优决策 (w_1^d, x^d) 为

$$w_1^d = \frac{(k-1)a + ck}{2k - 1}, x^d = \frac{a - c}{2k - 1} \quad (5-17)$$

若 $h \geq h_F$，制造商的最优解满足约束条件 $w_1 \geq \dfrac{3a + c - x - 4h}{4}$；若 $h < h_F$，制造商的最优解应在边界 $w_1 = \dfrac{3a + c - x - 4h}{4}$ 处取得，易得制造商的最优决策为

$$w_1^d = \frac{(12k-7)a + 4kc + 2(3-8k)h}{16k-7}, x^d = \frac{7a - 7c + 4h}{16k - 7} \quad (5-18)$$

对比情形1与情形2下制造商的利润，不难得出制造商第一期最优的决策 w_1^d 为

$$(w_2^d, x^d) = \begin{cases} \left(\dfrac{9(k-1)a + 8kc + 2(1-k)h}{17k - 9}, \dfrac{9a - 2h - 9c}{17k - 9} \right) & (h < h_F) \\ \left(\dfrac{(k-1)a + ck}{2k - 1}, \dfrac{a - c}{2k - 1} \right) & (h \geq h_F) \end{cases}$$

$$(5-19)$$

将制造商第一期的最优决策(w_2^d, x^d)分别代入制造商、零售商各阶段的最优决策中,即可得到命题5.1。

与安南德等(Anand et al.,2008)类似,当库存持有成本h较低时($h < h_F$),为在第二期获得更低的批发价,零售商总是会战略性地持有库存;当库存持有成本h较高时($h \geq h_F$),零售商不会持有库存。

推论5.1 随着制造商成本削减效率提高(k减小),零售商持有库存的意愿增加,即$\partial h_F/\partial k < 0$。

推论5.1说明,制造商成本削减效率越高(k越小),制造商越能够有效地削减单位生产成本,制造商更愿意降低两期的批发价以使零售商能够多订购产品,从而提高整体销量。第一期批发价的降低也使得零售商能够承担相应更高的库存持有成本,因此零售商持有库存的意愿增加。

推论5.2 (i)当$h < h_F$时,则$\partial w_1^d/\partial h > 0 \Leftrightarrow k < 1$,$\partial x^d/\partial h < 0$,$\partial w_2^d/\partial h > 0$,$\partial q_1^d/\partial h < 0$,$\partial s_1^d/\partial h < 0 \Leftrightarrow k < 1$,$\partial I/\partial h < 0$,$\partial q_2^d/\partial h < 0 \Leftrightarrow k < 3/5$,$\partial s_2^d/\partial h < 0$。

(ii)当$h \geq h_F$时,制造商和零售商的最优决策与h无关。

推论5.2说明,当库存持有成本较低,零售商持有库存时,随着库存持有成本h增加,零售商会减少持有库存水平,从而使零售商在第二期的议价能力降低,制造商第二期的批发价提高。由于零售商第一期的订购量降低且总的订购量降低,故制造商的成本削减水平降低。

与安南德等观点不同的是,当制造商成本削减效率较高时($k < 1$),制造商能够有效地削减单位生产成本,显然制造商更愿意零售商订购更多产品。随着h增加,由于零售商第一期的订购量及整体订购量降低,制造商不得不提高批发价保证边际利润,第一期批发价上升,相应地,零售商第一期的销量减少。当制造商成本削减效率较低时($k > 1$),制造商更担心零售商过多地持有战略库存,那么当h增加时,零售商的库存持有能力下降,因此制造商会降低第一期的批发价,战略库存水平的下降也使零售商不得不将更多的产品放在第一期进行售卖,从而第一期的销量增加,这一点也与安南德等(Anand et al.,2008)的结论类似。制造商第二期的批发价总是随着库存持有成本的增加而上升,一方面成本削减水平的降低使得制造商不得不提高批发价保证边际利润;另一方面库存持有水平的降低削弱了零售商在第二期的议价能力,相应地,制造商在第二期的垄断力增强。零售商第二期的订购量变化同时会受到战略库存及当期批发价的影响。当制造商成本削减效率极高($k < 3/5$)时,由于单位生产成本相对较低,第二期的批发价相较低。随着库存持有成本增加,第二期的批发价的增加受到单位生产成本增加的影响较大,从而使零售商的订购量降低。当制造商成本削减效率不是太高($k > 3/5$)时,由于战略库存水平降低,零售商需要增加第二期的订购量来满足第二期的需求。总的来看,随着库存持有成本增加,成本削减水平及产品的总体销量($s_1 + s_2$)降低。

推论 5.3　(i) 当 $h < h_F$ 时,$w_1^d > w_2^d$,$q_1^d > q_2^d$,$s_1^d < s_2^d$。

(ii) 当 $h \geq h_F$ 时,$w_1^d = w_2^d$,$q_1^d = q_2^d$,$s_1^d = s_2^d$。

推论 5.3 与安南德等(Anand et al.,2008)的结论相类似。当库存持有成本 h 较小时,由于零售商会战略性地持有库存,因此第一期的订购量要高于第二期的订购量。同时为了防止零售商持有过多的库存,制造商会提高第一期产品的批发价;相应地,第一期产品的销量也要低于第二期。当库存持有成本 h 较高时,此时零售商不会持有库存。又制造商只在第一期开始前进行成本削减,两个销售周期内的生产成本相同,因此两期的批发价、订购量及销量均相同。

5.3.1.2　价格承诺合约

在价格承诺合约下,制造商在第一期时首先决策成本削减水平 x 及两期的批发价 (w_1, w_2),在观测到两期的批发价 (w_1, w_2) 后,零售商决策两期的订购量 q_i 及销量 s_i。在价格承诺合约下,制造商与零售商的利润分别为

$$\pi_r(s_1,q_1,I,s_2,q_2) = (a-s_1)s_1 - w_1q_1 - hI + (a-s_2)s_2 - w_2q_2 \tag{5-20}$$

$$\pi_m(x,w_1,w_2) = w_1q_1 + w_2q_2 - (c-x)(q_1+q_2) - kx^2/2 \tag{5-21}$$

命题 5.2 在价格承诺合约下，零售商的最优决策为

$$q_i^c = s_i^c = \frac{k(a-c)}{4k-2}, I = 0 \tag{5-22}$$

制造商的最优决策分别为

$$w_i^c = \frac{(k-1)a+ck}{2k-1}, x^c = \frac{a-c}{2k-1} \quad (i=1,2) \tag{5-23}$$

证明： 对于给定批发价 (w_1,w_2)，分两种情况讨论。

情形 1：$w_1 + h \geq w_2$。显然此时零售商不会转移库存，即 $I=0$。零售商的利润方程简化为

$$\pi_r(q_1,q_2) = (a-q_1)q_1 - w_1q_1 + (a-q_2)q_2 - w_2q_2 \tag{5-24}$$

易证 $\pi_r(q_1,q_2)$ 是关于 (q_1,q_2) 的联合凹函数，最大化 $\pi_r(q_1,q_2)$ 零售商的利润可得零售商最优的订购量为

$$q_1^c = q_2^c = \frac{a-w_1}{2} \tag{5-25}$$

将其代入制造商的利润方程 $\pi_m(x,w_1,x_2)$ 中，易证 $\pi_m(x,w_1,w_2)$ 是关于 (x,w_1,w_2) 的联合凹函数，根据一阶最优性条件，即可求得制造商最优的决策为

$$w_i^c = \frac{(k-1)a+ck}{2k-1}, x^c = \frac{a-c}{2k-1} \quad (i=1,2) \tag{5-26}$$

同时满足约束条件 $w_1 + h \geq w_2$，此时制造商的利润为

$$\pi_m^c = \frac{k(a-c)^2}{4k-2} \tag{5-27}$$

情形 2：$w_1 + h < w_2$。显然零售商不会在第二期进行购买，即 $q_2 = 0$。零售商的利润可简化为 $\pi_r(s_1,I) = (a-s_1)s_1 - w_1q_1 - hI + (a-I)I$，最大化 $\pi_r(s_1,I)$ 即得零售商第一期最优的决策为

$$s_1 = \frac{a - w_1}{2}, I = \frac{a - w_1 - h}{2} \qquad (5-28)$$

将 (s_1, I) 代入制造商的利润方程中，同理可求得制造商的最优决策为

$$w_1 = \frac{2(k-1)a + 2ck + (1-k)h}{2(2k-1)}, x = \frac{2a - h - 2c}{2(2k-1)} \qquad (5-29)$$

相应地，制造商的利润 π_m 为

$$\frac{k(2(a-c) - h)^2}{8(2k-1)} \qquad (5-30)$$

由 $\frac{k(a-c)^2}{4k-2} \geq \frac{k(2(a-c)-h)^2}{8(2k-1)}$ 可知，制造商的最优决策应满足 $w_1 + h \geq w_2$，综上得证。

在价格承诺合约下，由于两期批发价价事先给定，零售商无法通过持有战略库存迫使制造商降低第二期的批发价，从而价格承诺合约能够完全消除战略库存行为。由于两阶段的单位生产成本保持不变，因此零售商在两期的订购量（销量）相同，制造商两期的批发价相同。

5.3.1.3 均衡决策比较

推论 5.4 给出两种合约下最优决策的比较。

推论 5.4 （i）当 $h < h_F$ 时，$w_1^d > w_1^c \Leftrightarrow k > 1$，$x_1^d > x_1^c$，$q_1^d > q_1^c$，$s_1^d > s_1^c \Leftrightarrow k < 1$，$w_2^d < w_2^c$，$q_2^d < q_2^c$。

（ii）当 $h \geq h_F$ 时，$w_i^d = w_i^c$，$x^d = x^c$，$s_i^d = s_i^c$，$q_i^d = q_i^c$。

证明：（i）当 $h < h_F$ 时，$w_1^d - w_1^c = \frac{(k-1)((a-c)k - 2(2k-1)h)}{(17k-9)(2k-1)} > 0 \Leftrightarrow$

$k > 1$，$x_1^d - x_1^c = \frac{(a-c)k - 2(2k-1)h}{(17k-9)(2k-1)} > 0$，$s_1^d - s_1^c = \frac{(1-k)((a-c)k - 2(2k-1)h)}{2(17k-9)(2k-1)}$

$> 0 \Leftrightarrow k < 1$，$q_1^d - q_1^c = (9k-4)\frac{(a-c)k - 2(2k-1)h}{2(17k-9)(2k-1)} >$

0，$w_2^d - w_2^c = (2-5k)\frac{(a-c)k - 2(2k-1)h}{(17k-9)(2k-1)} < 0$，$q_2^d - q_2^c = (3-5k)$

$\frac{(a-c)k - 2(2k-1)h}{2(17k-9)(2k-1)} < 0$，$s_2^d - s_2^c = \frac{(5k-2)[(a-c)k - 2(2k-1)h]}{2(17k-9)(2k-1)} > 0$。

（ii）由命题 5.1 和命题 5.2 易证。

推论 5.4（i）的结果说明，当库存持有成本 h 较小时，相对于动态定价合约，在动态定价合约下，零售商第一期订购量更高，第二期订购量更低，制造商第二期的批发价更低，成本削减水平更高。这也说明，由于零售商的战略库存行为增加了整体销量，从而能够促使制造商提高成本削减水平。两种合约下第一期批发价与第一期销量大小的比较则取决于制造商的成本削减效率。当零售商持有战略库存时，一方面制造商希望零售商持有适量的库存，避免过高的议价能力；另一方面零售商的战略库存行为会增加整体销量，促使制造商更愿意进行成本削减。当制造商成本削减效率较高（$k<1$）时，制造商能够有效的削减生产成本，零售商更愿意在保证自身边际利润的前提下提供一个更低的批发价来增加整体销量（Ha et al.，2017），因此相对于价格承诺合约，动态定价合约下第一期的批发价更低，相应地，第一期的销量相对较高；相反，当制造商成本削减效率较低（$k>1$）时，制造商并不能够有效的削减生产成本，虽然动态定价下的成本削减水平较高，为了保证自身边际利润，减轻战略库存带来第二期垄断力下降产生的负效应，制造商会设定一个相对较高的批发价（Roy et al.，2019），抑制零售商的战略库存行为，因此价格合约下第一期的批发价相对较低，第一期的销量相对较高。

推论 5.4（ii）则说明，当库存持有成本较高时，动态定价合约下的零售商不会持有库存时，供应链成员在动态定价合约下的最优决策与价格承诺合约的最优决策相同，两种定价合约是等价的。这也与安南德等学者（Anand et al.，2008；Roy et al.，2019）的结论相类似。

命题 5.3 给出了供应链成员对这两种合约的偏好。

命题 5.3 （i）若 $h<h_F$，（a）制造商总是偏好动态定价合约，即 $\pi_m^d > \pi_m^c$。

（b）当 $k<3/2$ 时，零售商偏好动态定价合约，即 $\pi_r^d > \pi_r^c$；当 $k \geq 3/2$

时，零售商偏好动态定价合约（当且仅当 $h < h_r^F$），即 $\pi_r^d > \pi_r^c \Leftrightarrow h < h_s^F$。

(c) 当 $k < 3/2$ 时，整体供应链总是偏好动态定价合约，即 $\pi_s^d > \pi_s^c$；当 $k \geqslant 3/2$ 时，供应链偏好动态定价合约（当且仅当 $h < h_s^F$），即 $\pi_s^d > \pi_s^c \Leftrightarrow h < h_s^F$。

(ii) 若 $h \geqslant h_F$，对零售商、制造商及整体供应链来说两种合约等价，即 $\pi_r^d = \pi_r^c$，$\pi_m^d = \pi_m^c$，$\pi_s^d = \pi_s^c$。其中

$$h_r^F = \frac{k(42k^2 - 8k - 7)(a-c)}{2(2k-1)(76k^2 - 77k + 20)}, \quad h_s^F = \frac{(110k^2 - 78k + 11)k(a-c)}{2(2k-1)(144k^2 - 147k + 38)}$$

(5 - 31)

证明：(i) 当 $h < h_F$ 时

(a) 制造商在两种合约下的利润之差为

$$\pi_m^d - \pi_m^c = \frac{[(a-c-4h)k + 2h]^2}{68k^2 - 70k + 18} > 0 \quad (5 - 32)$$

(b) 零售商在两种合约下的利润之差为

$$\pi_r^d - \pi_r^c = \frac{[(a-c)k - (4k-2)h]f_1(h)}{4(17k-9)^2(2k-1)^2} \quad (5 - 33)$$

其中 $f_1(h) = (42k^3 - 8k^2 - 7k)(a-c) - (304k^3 - 460k^2 + 234k - 40)h$，显然 $f_1(h)$ 与 $(\pi_r^d - \pi_r^c)$ 的符号相同。又因为 $f_1(h) > 0 \Leftrightarrow h < h_r^F = \frac{k(42k^2 - 8k - 7)(a-c)}{2(2k-1)(76k^2 - 77k + 20)}$，$h_F < h_r^F \Leftrightarrow k < 3/2$。因此，当 $k \geqslant 2/3$ 时，$f_1(h) > 0$；当 $k \geqslant 3/2$ 时，若 $h < h_r^F$，$f_1(h) > 0$，若 $h_r^F < h < h_F$，$f_1(h) < 0$。

(c) 整体供应链在两种合约下的利润之差为

$$\pi_s^d - \pi_s^c = \frac{[(a-c)k - (4k-2)h]f_2(h)}{4(17k-9)^2(2k-1)^2} \quad (5 - 34)$$

其中 $f_2(h) = (110k^3 - 78k^2 + 11k)(a-c) - 2(2k-1)(144k^2 - 147k + 38)h$。同理可证 $\pi_s^d - \pi_s^c > 0 \Leftrightarrow h < h_s^F$，且 $h_s^F < h_F \Leftrightarrow k < 3/2$。因此，当 $k < 2/3$ 时，$\pi_s^d > \pi_s^c$；当 $k \geqslant 3/2$ 时，若 $h < h_s^F$，$\pi_s^d > \pi_s^c$；若 $h_s^F < h < h_F$，

$\pi_s^d < \pi_s^c$。

（ii）由命题5.1和命题5.2易证两种合约等价，因此供应链成员的利润相等。综上，命题5.3即证。

如图5-1所示可知，制造商总是偏好动态定价合约，即零售商持有战略库存对制造商来说总是好的，这与一些学者（Anand et al.，2008；Arya，Mittendorf，2013；Roy et al.，2019）的结论相类似。由推论5.4可知，当零售商持有库存时，削减后的生产成本相应较低，而且制造商能够通过调整两期的批发价有效抑制零售商的战略库存行为，因此零售商持有库存总是能够为制造商带来更多的利润。特别是在制造商成本削减效率较高（$k < 1$）时，为了获得更低的生产成本，制造商愿意提高成本削减水平、降低批发价以激励零售商增加整体销量，这时成本削减带来的正效用相对于制造商第二期垄断力降低带来的负效应占据主导地位。

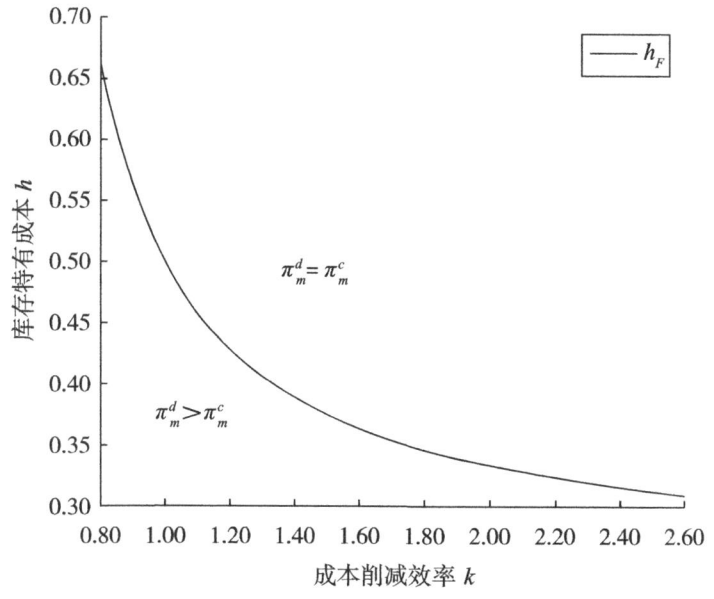

图5-1　当$a = 5$，$c = 4$时制造商对合约的偏好

相对于价格承诺合约，在动态定价合约下的平均批发价较低。这是因为零售商持有战略库存，一方面能够激励制造商提高成本削减水平，而削

减后的单位生产成本相对较低；另一方面战略库存能够提升零售商在第二期的议价能力，迫使制造商降低第二期的批发价（Anand et al.，2008）。如图 5-2 所示，在制造商能够有效削减成本时（$k < 3/2$），制造商成本优势明显，由成本削减引发的平均批发价降低也较为明显。即便当库存持有成本较高时，成本削减带来的正效应相对于库存持有成本带来的负效用也占据主导地位，因此零售商在动态定价合约下的利润更高。当成本削减效率不是太高时（$k \geqslant 3/2$），由成本削减带来的平均批发价降低的幅度相对较小，当且仅当库存持有成本较低时（$h \geqslant h_r^F$），零售商的战略库存水平相对较高，零售商在第二期的议价能力较强，较低的平均批发价也使得零售商更偏好动态定价合约；当库存持有成本较高（$h \geqslant h_r^F$），较高库存持有成本带来的负效用相对于平均批发价降低带来的正效用占据主导地位时（Anand et al.，2008），零售商才更希望采用价格承诺合约，避免自身持有库存。

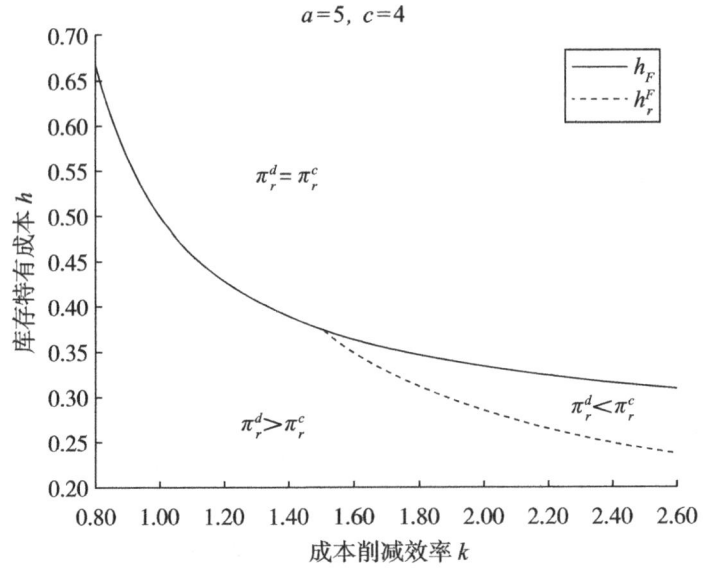

图 5-2 当 $a=5$，$c=4$ 时零售商对合约的偏好

如图 5-3 所示，对于整体供应链而言，战略库存不仅降低了生产成

本，还降低了平均批发价。当成本削减效率较高时，成本削减带来的正效用始终占据主导地位，零售商与制造商在动态定价合约下的利润更高，因此供应链偏好动态定价合约。当成本削减效率较低时，成本削减带来的正效用相对较低；当库存持有成本较低时，供应链偏好动态定价合约。当库存持有成本相对较高时，由于供应链需要支付高昂的库存成本，相对于平均批发价降低带来的正效应占据主导地位，此时整体供应链偏好价格承诺合约。

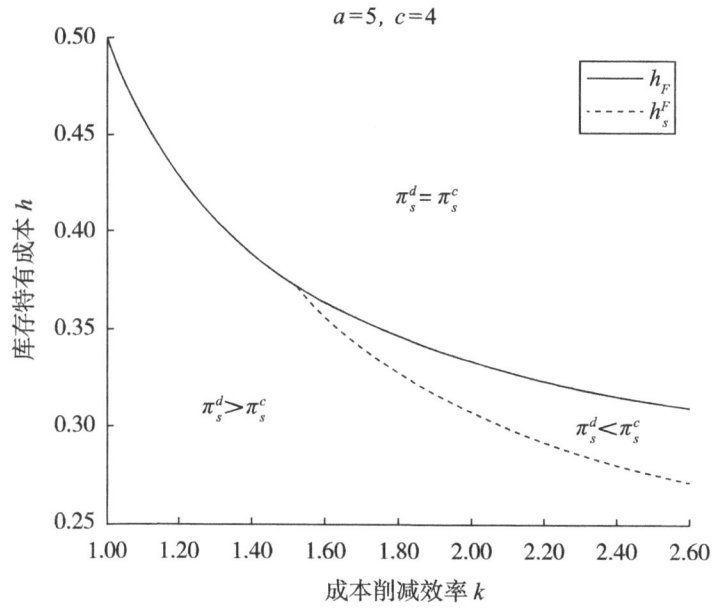

图 5-3　$a=5$，$c=4$ 时整体供应链对合约的偏好

命题 5.3（ii）的结论非常直观。由命题 5.1 与命题 5.2 可知，当零售商不持有库存时，两种合约下供应链成员的均衡决策相同，因此供应链成员及整体供应链在这两种合约下的利润是相同的。

总的来说，当成本削减效率较高时，成本削减带来的正效应相对较高，此时战略库存始终能够缓解双重边际化效应，提高供应链效率，为供应链成员带来更高的利润。当成本削减效率较低时，成本削减带来的正效用不是太高，只有当库存持有成本不是太高时，战略库存才能使零售商与整体供应链受益。制造商凭借着生产成本优势及调整批发价的能力总能够在零售商持有库存时获得更高的利润。

推论 5.5 h_r^F、h_s^F 随着成本削减效率的降低（k 增加）而严格单调递减。

证明： $\dfrac{\partial h_r^F}{\partial k} = \dfrac{-8444k^4 + 11956k^3 - 5066k^2 + 320k + 140}{2(2k-1)^2(76k^2 - 77k + 22)^2}(a-c) < 0$,

$\dfrac{\partial h_s^F}{\partial k} = \dfrac{-25716k^4 + 42724k^3 - 25116k^2 + 5928k - 418}{2(2k-1)^2(144k^2 - 147k + 38)^2}(a-c) < 0$

从图 5-2 与图 5-3 中可以直观地看到，随着制造商成本削减效率降低（k 增加），h_r^F 与 h_s^F 均严格单调递减。由命题 5.3 可知，成本削减效率是影响零售商与供应商对合约偏好的重要因素。当零售商持有库存时，随着制造商成本削减效率增加，零售商的库存持有意愿增强，成本削减带来的正效用增加，对于零售商与整体供应链而言，可以承受由更高的库存成本带来的负效应，因此 h_r^F 与 h_s^F 是增加的。

5.3.2 动态成本削减

在本节中，与伯恩斯坦和库克（Bernstein, Kök, 2009）和费恩和波蒂厄斯（Fine, Porteus, 1989）类似，考虑制造商在每个销售期开始前，均有一次成本削减机会。与 5.3.1 节类似，考虑动态定价与价格承诺两种合约。

5.3.2.1 动态定价合约

在动态定价合约下，决策顺序为：①在第一期开始前，制造商首先决策第一期的成本削减水平 x_1 及批发价 w_1；②在观测到制造商第一期的批发价后，零售商决定第一期产品的订购量 q_1 及销量 s_1，并在第一期销售结束后，将剩余库存 I 转移到第二期继续售卖；③在第二期开始前，制造商决策第二期的成本削减水平 x_2 与批发价 w_2；④零售商根据剩余库存及 w_2 制定第二期产品的订购量 q_2 及销量 s_2。

利用逆序推导法,在动态成本削减下,在第二期时给定批发价 w_2,与 5.3.1.1 小节类似,零售商第二期最优的订购量为 $q_2^d = [(a - w_2 - 2I)/2]^+$,此时零售商的利润为

$$\pi_{r2} = \begin{cases} (a-w_2)^2/4 + w_2 I & (w_2 < a - 2I) \\ (a-I)I & (w_2 \geqslant a - 2I) \end{cases} \quad (5-35)$$

相应地,制造商第二期的利润为

$$\pi_{m2} = \begin{cases} (w_2 - (c - x_1 - x_2))(a - w_2 - 2I)/2 - kx_2^2/2 & (w_2 < a - 2I) \\ 0 & (w_2 \geqslant a - 2I) \end{cases}$$

$$(5-36)$$

易证 π_{m2} 是 (w_2, x_2) 的联合凹函数,那么联立方程 $\partial \pi_{m2}/\partial x_2 = 0$ 与 $\partial \pi_{m2}/\partial w_2 = 0$,可得到制造商在第二期最优的决策 (w_2^d, x_2^d) 为

$$(w_2^d, x_2^d) = \begin{cases} \left(\dfrac{(2k-1)a + 2k(c-x_1) + (2-4k)I}{4k-1}, \dfrac{a-c+x_1-2I}{4k-1} \right) & \left(I < \dfrac{a-c+x_1}{2} \right) \\ (N, N) & \left(I \geqslant \dfrac{a-c+x_1}{2} \right) \end{cases}$$

$$(5-37)$$

相应地,零售商与制造商在第二期最优的利润为

$$\pi_{r2}^* = \begin{cases} \dfrac{((a-c+x_1+2I)k - I)^2}{(4k-1)^2} + \dfrac{((a-c-x_1-2I)2k - a + 2I)I}{(4k-1)} \\ \qquad \qquad \left(I < \dfrac{a-c+x_1}{2} \right) \\ (a-I)I \qquad \qquad \left(I \geqslant \dfrac{a-c+x_1}{2} \right) \end{cases}$$

$$(5-38)$$

$$\pi_{m2}^* = \begin{cases} \dfrac{k(a-c+x_2-2I)^2}{8k-2} & \left(I < \dfrac{a-c+x_1}{2} \right) \\ 0 & \left(I \geqslant \dfrac{a-c+x_1}{2} \right) \end{cases} \quad (5-39)$$

在第一期阶段，给定批发价 w_1，零售商决定最优的订购量 q_1 及销量 s_1，并将剩余的库存 I 转移到第二期进行售卖，零售商的总利润为

$$\pi_r = (a - s_1)s_1 - w_1 q_1 - hI + \pi_{r2}^* \quad (5-40)$$

最大化零售商的利润，有引理 5.1。

引理 5.1 对于给定批发价 w_1

(i) 当 $w_1 < w_t$ 时，零售商第一期的最优决策为

$$s_1 = \frac{a - w_1}{2}, I = \frac{(12a + 4c - 4x_1)k^2 - 8ak + a - (w_1 + h)(4k - 1)^2}{24k^2 - 16k + 2}$$

$$(5-41)$$

(ii) 当 $w_1 \geq w_t$ 时，零售商第一期的最优决策为

$$s_1 = \frac{a - w_1}{2}, I = 0 \quad (5-42)$$

其中 $w_t = \dfrac{(12a + 4c - 4x_1)k^2 - 8ak + a}{(4k - 1)^2} - h$。

证明：分两种情况讨论。

情形 1：$I \geq (a - c + x_1)/2$。容易验证零售商的利润 $\pi_r(s_1, I)$ 是关于 (s_1, I) 的联合凹函数，最大化 $\pi_r(s_1, I)$，联立方程 $\partial \pi_r(s_1, I)/\partial s_1 = 0$ 及 $\partial \pi_r(s_1, I)/\partial I = 0$，即可得到在无约束条件下零售商的最优决策为

$$(s_1^d, I) = ((a - w_1)/2, (a - w_1 - h)/2) \quad (5-43)$$

当 $w_1 \leq c - x_1 - h$ 时，最优解满足约束条件 $I \geq (a - c + x_1)/2$，但制造商在第一期的批发价总是满足 $w_1 \geq c - x_1 \geq c - x_1 - h$，因此零售商的最优解只会取在边界 $I = (a - c + x_1)/2$ 处，此时零售商的最优策略为

$$(s_1^d, I) = ((a - w_1)/2, (a - c + x_1)/2) \quad (5-44)$$

情形 2：$0 \leq I < (a - c + x_1)/2$。最大化零售商的利润 $\pi_r(s_1, I)$ 是关于 (s, I) 的联合凹函数，同理可证，在无约束条件下零售商的最优决策为

$$s_1^d = \frac{a - w_1}{2}, I^d = \frac{(12a + 4c - 4x_1)k^2 - 8ak + a - (w_1 + h)(4k - 1)^2}{24k^2 - 16k + 2}$$

$$(5-45)$$

当 $w_1 < w_t$ 时，(s_1^d, I^d) 满足约束条件 $0 \leq I < (a - c + x_1)/2$。当 $w_1 \geq w_t$ 时，零售商的最优决策应在边界 $I = 0$ 处取得，此时零售商的最优策略为 $(s_1^d, I) = ((a - w_1)/2, 0)$。

最后，比较情形 1 与情形 2 下零售商的最优利润，引理 5.1 得证。

将零售商的最优决策代入制造商的总利润方程中，有

$$\pi_m(x_1, w_1) = \begin{cases} \dfrac{M(12k^2 - 8k + 1) + (4k - 1)^3(w_1 - h - c + x_1)^2 k}{2(12k^2 - 8k + 1)^2} - \dfrac{kx_1^2}{2} & (w_1 < w_t) \\[2mm] \dfrac{(w_1 - c + x_1)(a - w_1)}{2} + \dfrac{k(a - c + x_1)^2}{8k - 2} - \dfrac{kx_1^2}{2} & (w_1 \geq w_t) \end{cases}$$

(5 – 46)

其中 $M = (24k^2 - 16k + 2)a + 4k^2(c - x_1) + (-28k^2 + 16k - 2)w_1 - (4k - 1)^2 h$。最大化制造商的利润 $\pi_m(x_1, w_1)$，有命题 5.4。

命题 5.4 在动态定价合约下

(i) 当 $h \in [0, h_1^d)$ 时，制造商第一期的最优决策 (w_1^d, x_1^d) 为

$$w_1^d = \frac{A_1}{2A}, x_1^d = \frac{A_2}{2A} \tag{5 – 47}$$

(ii) 当 $h \in [h_1^d, h_2^d)$ 时，制造商第一期的最优决策 (w_1^d, x_1^d) 为

$$w_1^d = \frac{B_1}{(2k - 1)(64k^3 - 60k^2 + 14k + 1)} \tag{5 – 48}$$

$$x_1^d = \frac{B_2}{4(2k - 1)(64k^3 - 60k^2 + 14k + 1)k} \tag{5 – 49}$$

(iii) 当 $h \in [h_2^d, +\infty)$ 时，制造商第一期的最优决策 (w_1^d, x_1^d) 为

$$w_1^d = \frac{(8k^2 - 10k + 1)a + 2(4k - 1)ck}{16k^2 - 12k + 1}, x_1^d = \frac{(8k - 1)(a - c)}{16k^2 - 12k + 1}$$

(5 – 50)

其中 $A = 272k^5 - 512k^4 + 360k^3 - 119k^2 + 18k - 1$，$A_1 = 2(k - 1)(6k - 1)^2(2k - 1)^2 a + 2k(8k^2 - 7k + 1)(4k - 1)^2 c - (k - 1)(4k^2 - 6k + 1)(4k -$

$1)^2$, $A_2 = 2(6k-1)^2(2k-1)^2(a-c) - (4k^2-6k+1)(4k-1)^2h$, $B_1 = (96k^4 - 168k^3 + 86k^2 - 16k + 1)a + 2k^2(4k-1)^2c - (8k^2 - 7k + 1)(4k-1)^2h$, $B_2 = 2k(112k^3 - 80k^2 + 16k - 1)(a-c) + (8k^2 - 8k + 1)h(4k-1)^2$, $h_1^d = \dfrac{2k(80k^4 - 144k^3 + 76k^2 - 15k + 1)(a-c)}{(40k^3 - 44k^2 + 13k - 1)(4k-1)^2}$, $h_2^d = \dfrac{2k(8k^2 - 8k + 1)(a-c)}{(4k-1)(16k^2 - 12k + 1)}$。

证明：由引理 5.1 分两种情形讨论。

情形 1：当 $w_1 < w_t$ 时，易证制造商的利润 $\pi_m(x_1, w_1)$ 是关于 (x_1, w_1) 的联合凹函数，联立方程 $\partial \pi_m(x_1, w_1)/\partial x_1 = 0$ 与 $\partial \pi_m(x_1, w_1)/\partial w_1 = 0$，即可得到在无约束条件下制造商的最优决策 (w_1^d, x_1^d) 为

$$w_1^d = \frac{2(k-1)(6k-1)^2(2k-1)^2 a + 2k(8k^2 - 7k + 1)(4k-1)^2 c}{544k^5 - 1024k^4 + 720k^3 - 238k^2 + 36k - 2} - \frac{(k-1)(4k^2 - 6k + 1)(4k-1)^2}{544k^5 - 1024k^4 + 720k^3 - 238k^2 + 36k - 2} \tag{5-51}$$

$$x_1^d = \frac{2(6k-1)^2(2k-1)^2(a-c) - (4k^2 - 6k + 1)(4k-1)^2 h}{544k^5 - 1024k^4 + 720k^3 - 238k^2 + 36k - 2} \tag{5-52}$$

若 $h < h_1^d = \dfrac{2k(80k^4 - 144k^3 + 76k^2 - 15k + 1)(a-c)}{(40k^3 - 44k^2 + 13k - 1)(4k-1)^2}$，$(w_1^d, x_1^d)$ 满足约束条件 $w_1^d < w_t$；否则，若 $h \geq h_1^d$，最优的决策 (w_1^d, x_1^d) 应在边界 $w_1^d = w_t$ 处取得。将 $w_1^d = w_t$ 代入 $\pi_m(x_1, w_1)$ 中，并由 $\partial \pi_m(x_1, w_1)/\partial x_1 = 0$ 可得制造商的最优决策 (w_1^d, x_1^d) 为

$$w_1^d = \frac{(96k^4 - 168k^3 + 86k^2 - 16k + 1)a + 2k^2(4k-1)^2 c}{(2k-1)(64k^3 - 60k^2 + 14k + 1)} - \frac{(8k^2 - 7k + 1)(4k-1)^2 h}{(2k-1)(64k^3 - 60k^2 + 14k + 1)} \tag{5-53}$$

$$x_1^d = \frac{2k(112k^3 - 80k^2 + 16k - 1)(a-c) + (8k^2 - 8k + 1)h(4k-1)^2}{(2k-1)(64k^3 - 60k^2 + 14k + 1)} \tag{5-54}$$

情形 2：当 $w_1 \geq w_t$ 时，同理可证制造商的利润 $\pi_m(x_1, w_1)$ 是关于

(x_1, w_1) 的联合凹函数，由一届最优条件 $\partial \pi_m(x_1, w_1)/\partial x_1 = 0$ 与 $\partial \pi_m(x_1, w_1)/\partial w_1 = 0$，即可得到在无约束条件下制造商的最优决策 (w_1^d, x_1^d) 为

$$w_1^d = \frac{(8k^2 - 10k + 1)a + 2(4k-1)ck}{16k^2 - 12k + 1}, x_1^d = \frac{(8k-1)(a-c)}{16k^2 - 12k + 1}$$

(5-55)

若 $h \geqslant h_2^d = \frac{2k(8k^2 - 8k + 1)(a-c)}{(4k-1)(16k^2 - 12k + 1)}$，$(w_1^d, x_1^d)$ 满足约束条件 $w_1^d \geqslant w_t$。若 $h < h_2^d$，(w_1^d, x_1^d) 应在边界 $w_1^d = w_t$ 处取得，易证此时制造商的最优决策 (w_1^d, x_1^d) 为

$$w_1^d = \frac{(96k^4 - 168k^3 + 86k^2 - 16k + 1)a + 2k^2(4k-1)^2 c}{(2k-1)(64k^3 - 60k^2 + 14k + 1)} - \frac{(8k^2 - 7k + 1)(4k-1)^2 h}{(2k-1)(64k^3 - 60k^2 + 14k + 1)}$$

(5-56)

$$x_1^d = \frac{2k(112k^3 - 80k^2 + 16k - 1)(a-c) + (8k^2 - 8k + 1)h(4k-1)^2}{(2k-1)(64k^3 - 60k^2 + 14k + 1)}$$

(5-57)

最后，比较情形 1 与情形 2 下制造商的最优利润，即可得到命题 5.4。

表 5-2 给出了在供应链成员在动态定价合约下的最优决策。注意到零售商与制造商的最优决策是关于 h 的分段函数。当库存持有成本较低 ($h < h_1^d$) 时，零售商与制造商的决策受到库存持有成本 h 的影响。当库存持有成本较高 ($h \geqslant h_2^d$) 时，战略库存水平为 0，并且零售商与制造商的决策与库存持有成本无关。有意思的是，当库存持有成本处于中等水平时 ($h_1^d \leqslant h < h_2^d$)，虽然零售商的战略库存水平为 0，但均衡状态下零售商的订购决策及制造商定价、成本削减水平均与库存持有成本 h 相关，这也意味着此时虽然零售商不持有库存，但它仍具有可信的战略库存威胁，这一点也与安南德等（Anand et al., 2008）的研究及本书 4.3.1 节中的情形类似。

表 5-2 动态定价策略下供应链成员的最优决策

	$h < h_1^d$	$h_1^d \leq h < h_2^d$	$h \geq h_2^d$
w_1^d	$\dfrac{2(k-1)(6k-1)^2(2k-1)^2a+2k(8k^2-7k+1)(4k-1)^2c}{2(272k^5-512k^4+360k^3-119k^2+18k-1)}-\dfrac{(k-1)(4k^2-6k+1)(4k-1)^2h}{2(272k^5-512k^4+360k^3-119k^2+18k-1)}$	$\dfrac{(96k^4-168k^3+86k^2-16k+1)a}{(2k-1)(64k^3-60k^2+14k+1)}+\dfrac{2k^2(4k-1)^2c-(8k^2-7k+1)(4k-1)^2h}{(2k-1)(64k^3-60k^2+14k+1)}$	$\dfrac{(8k^2-10k+1)a}{16k^2-12k+1}+\dfrac{2(4k-1)ck}{16k^2-12k+1}$
x_1^d	$\dfrac{2(6k-1)^2(2k-1)^2(a-c)-(4k^2-6k+1)(4k-1)^2h}{2(272k^5-512k^4+360k^3-119k^2+18k-1)}$	$\dfrac{2k(112k^3-80k^2+16k+1)(a-c)-(8k^2-8k+1)h(4k-1)^2}{(2k-1)(64k^3-60k^2+14k+1)}$	$\dfrac{(8k-1)(a-c)}{16k^2-12k+1}$
s_1^d	$\dfrac{[2k(8k^2-7k+1)(a-c)+(k-1)(4k^2-6k+1)h](4k-1)^2}{4(272k^5-512k^4+360k^3-119k^2+18k-1)}-\dfrac{2(80k^5-144k^4+76k^3-15k^2+k)(a-c)}{4(272k^5-512k^4+360k^3-119k^2+18k-1)}$	$(4k-1)^2\dfrac{2(a+4h-c)k^2+h-7kh}{2(2k-1)(64k^3-60k^2+14k+1)}$	$\dfrac{k(a-c)(4k-1)}{16k^2-12k+1}$
I	$\dfrac{h(40k^3-44k^2+13k-1)(4k-1)^2}{4(272k^5-512k^4+360k^3-119k^2+18k-1)}$	0	0
q_1^d	$\dfrac{[2(104k^4-160k^3+78k^2-15k+1)(a-c)-(18k^2-17k+3)(4k-1)^2]k}{4(272k^5-512k^4+360k^3-119k^2+18k-1)}$	$(4k-1)^2\dfrac{2(a+4h-c)k^2+h-7kh}{2(2k-1)(64k^3-60k^2+14k+1)}$	$\dfrac{k(a-c)(4k-1)}{16k^2-12k+1}$
w_1^d	$\dfrac{2(2k-1)^2(6k-1)(4k^2-7k+1)a+2k(176k^4-232k^3+100k^2-17k+1)(a-c)}{4(272k^5-512k^4+360k^3-119k^2+18k-1)}+\dfrac{(4k-1)(10k^2-5k+1)(8k^2-8k+1)h}{4(272k^5-512k^4+360k^3-119k^2+18k-1)}$	$\dfrac{(128k^4-272k^3+152k^2-30k+2)a+(4k-1)^3c-(4k-1)(8k^2-8k+1)h}{2(2k-1)(64k^3-60k^2+14k+1)}$	$\dfrac{(8k^2-12k+1)a}{16k^2-12k+1}+\dfrac{8k^2c}{16k^2-12k+1}$
x_2^d	$\dfrac{[(6k-1)(2k-1)k(a-c)+(40k^3-48k^2+19k-2)h](4k-1)}{2(272k^5-512k^4+360k^3-119k^2+18k-1)}$	$(4k-1)\dfrac{2k(4k-1)^3(a-c)+(4k-1)(8k^2-8k+1)h}{4(2k-1)(64k^3-60k^2+14k+1)}$	$\dfrac{4k(a-c)}{16k^2-12k+1}$
s_2^d	$\dfrac{2k(176k^4-232k^3+100k^2-17k+1)(a-c)}{4(272k^5-512k^4+360k^3-119k^2+18k-1)}-\dfrac{(4k-1)(10k^2-5k+1)(8k^2-8k+1)h}{4(272k^5-512k^4+360k^3-119k^2+18k-1)}$	$(4k-1)\dfrac{2k(4k-1)^2(a-c)+(8k^2-8k+1)h}{4(2k-1)(64k^3-60k^2+14k+1)}$	$\dfrac{4(a-c)k^2}{16k^2-12k+1}$
q_2^d	$\dfrac{k[(6k-1)(2k-1)k(a-c)+(40k^3-48k^2+19k-2)h](4k-1)}{2(272k^5-512k^4+360k^3-119k^2+18k-1)}$	$(4k-1)\dfrac{2k(4k-1)^2(a-c)+(8k^2-8k+1)h}{4(2k-1)(64k^3-60k^2+14k+1)}$	$\dfrac{4(a-c)k^2}{16k^2-12k+1}$

考虑到当且仅当库存持有成本满足 $h < h_1^d$ 时,零售商才会持有战略库存。但当成本削减效率较低时,阈值 h_1^d 的取值有可能为负,因此有以下命题 5.5。

命题 5.5 当 $k \leqslant k_h (k_h \approx 1.06035)$ 时,零售商不会持有库存;当 $k > k_h$ 时,零售商持有战略库存(当且仅当 $h < h_1^d$)。其中 k_h 为方程 $80k^4 - 144k^3 + 76k^2 - 15k + 1 = 0$ 在区间 $[0.6, +\infty)$ 上的根。

与安南德等(Anand et al., 2018)的研究不同的是,命题 5.5 说明了在动态合约下,制造商有可能通过成本削减完全消除零售商的战略库存行为。当制造商进行持续性的成本削减时,由于制造商第二期的单位生产成本总是要低于第一期的单位生产成本,特别是当制造商能够有效进行成本削减时,制造商的在第二期的成本削减水平相对较高,较低的生产成本使得制造商能在第二期提供相对较低的批发价。由于第一期的批发价相对较高,因此零售商不愿意持有库存。当制造商成本削减效率较低时,两期生产成本差别不是太大,零售商仍愿意持有库存以获得第二期更低的批发价。

推论 5.6 随着制造商成本削减效率降低(k 增加),h_1^d,h_2^d 增加,即 $\partial h_1^d / \partial k > 0$,$\partial h_2^d / \partial k > 0$。

推论 5.6 的结果表明,随着制造商成本削减效率降低,零售商的持有库存意愿增加。由命题 5.4 的结论可知,当制造商的成本削减效率较高时,即使库存成本为 0,零售商也不愿意持有库存。随着制造商成本削减效率降低,制造商在第二期的成本削减投资水平降低,由成本削减带来的成本下降幅度越来越小,两期的单位生产成本差距逐渐缩小,第二期的成本削减行为带来的批发价下降幅度降低。此时零售商更愿意通过持有战略库存削弱制造商的垄断地位,迫使制造商降低第二期的批发价。

推论 5.7 (i)当 $h < [h_1^d]^+$ 时,$\partial w_1 / \partial h < 0$,$\partial x_1 / \partial h < 0$,$\partial q_1 / \partial h < 0$,$\partial s_1 / \partial h > 0$,$\partial I / \partial h < 0$,$\partial w_2 / \partial h > 0$,$\partial x_2 / \partial h > 0$,$\partial q_2 / \partial h > 0$,$\partial s_2 / \partial h < 0$。

(ii) 当 $[h_1^d]^+ \leq h < h_2^d$ 时，$\partial w_1/\partial h < 0$，$\partial x_1/\partial h > 0$，$\partial q_1/\partial h > 0$，$\partial s_1/\partial h > 0$，$\partial w_2/\partial h < 0$，$\partial x_2/\partial h > 0$，$\partial q_2/\partial h > 0$，$\partial s_2/\partial h > 0$。

(iii) 当 $h \geq h_2^d$ 时，零售商与制造商的最优决策均与 h 无关。

证明： 由表 5-2 易证。

推论 5.7 (i) 说明，当库存持有成本 h 较低（$h < [h_1^d]^+$）时，随着 h 增加，零售商的持有库存意愿降低，因此零售商的战略库存水平降低，从而第一期的订购量降低。对于制造商来说，为了激励零售商持有库存，会降低其第一期的批发价（Roy et al.，2019），从而第一期销量增加。由于第一期订购量降低，制造商不得不降低第一期的成本削减水平。零售商持有库存水平降低，一方面促使零售商增加第二期的订购量；另一方面也导致了零售商在第二期的议价能力降低，因此第二期的批发价增加，零售商在第二期的销量降低。此外，零售商第二期订购量的增加也会促使制造商提高其成本削减水平。

推论 5.7 (ii) 表明，当 h 处于中等水平时（$h_1^d \leq h < h_2^d$），虽然均衡状态下零售商的持有库存水平为零，但零售商与制造商的最优决策仍受到 h 的影响，与本书 4.3 节中的结论类似，此时的零售商仍有战略库存威胁，且随着库存持有成本增加，战略库存威胁程度下降。与推论 5.7 (i) 类似，随着 h 增加，零售商持有库存意愿降低，因此制造商会不断的降低批发价，在均衡状态下，零售商会在第一期出售完所有的订购量，批发价的降低也使得零售商增加第一期的订购量，同时也会促使制造商提高成本削减投资水平。库存持有成本、两期的批发价共同影响零售商的战略库存决策，制造商通过增加第二期的成本削减投资水平，降低第二期的批发价进一步抑制零售商的战略库存行为，从而零售商的订购量与销量增加。

推论 5.7 (iii) 表明，当 h 较高（$h > h_2^d$）时，由于零售商不会持有库存，此时供应链成员的最优决策均与库存持有成本无关。

推论 5.8 (i) 当 $h < [h_1^d]^+$ 时，(a) $w_1^d > w_2^d$，$x_1^d > x_2^d$，$s_1^d < s_2^d$；

(b) 若 $k \leq (3+\sqrt{5})/4$, $q_1^d < q_2^d$；若 $k > (3+\sqrt{5})/4$，存在 $h_q^d \in (0, h_1^d)$，当且仅当 $h < h_q^d$ 时，$q_1^d < q_2^d$。

(ii) 当 $h \geq [h_1^d]^+$ 时，$w_1^d > w_2^d$, $x_1^d > d_2^d$, $s_1^d < s_2^d$, $q_1^d < q_2^d$。

其中 $h_q^d = 2(4k^2-6k+1)(a-c)/(32k^2-8k+5)$。

当库存持有成本 h 较低（$h < [h_1^d]^+$）时，制造商第一期的批发价总是要高于第二期，一方面是因为制造商通过提高批发价可以防止零售商持有过多的库存；另一方面则是由于第二期的单位生产成本相对较低。第一期较高的批发价也使得第一期的销量总是要低于第二期。值得注意的是，当制造商成本削减能力较低时，制造商能够有效地削减生产成本，第二期相对较低的批发价会促使零售商订购得更多，因此第二期的订购量总是高于第一期。而当制造商成本削减能力较高时，其无法有效地削减生产成本，若库存持有成本 h 相对较低，此时零售商的库存持有水平较高，因此第一期的订购量相对较高。由推论5.7可知，随着 h 增加，制造商第二期的成本削减水平增加。若 h 相对较高，制造商第二期的成本削减水平相对较高，第二期的生产成本相对较低。另外，由于零售商的库存持有水平较低，此时制造商第二期批发价的降低主要来自生产成本的降低，因此第二期的订购量相对较高，这也拓展了安南德等（Anand et al.，2008）的部分结论。

推论5.8（ii）中的结论很直观，当库存持有成本较高时，零售商的库存持有水平为0，由于生产成本的下降会导致制造商批发价的下降，因此第二期的销量及订购量总是要高于第一期。

5.3.2.2 价格承诺合约

在价格承诺合约下，制造商在第一期时决策两期的成本削减水平 x_i 与批发价 w_i。在观测到制造商给定的批发价后，零售商决定两期的订购量 q_i 及销量 s_i。那么制造商与零售商的总利润分别为

$$\pi_r(q_1,s_1,q_2,s_2) = (a-s_1)s_1 - w_1 q_1 - hI + (a-s_2)s_2 - w_2 q_2$$

(5-58)

$$\pi_m(w_1,w_2,x_1,x_2) = (w_1 - c + x_1)q_1 + (w_2 - c + x_1 + x_2)q_2 - kx_1^2/2 - kx_2^2/2$$
(5 - 59)

最大化零售商及制造商的利润，有命题 5.6。

命题 5.6 在价格承诺合约下，制造商的最优决策为

$$w_1^c = \frac{(8k^2 - 10k + 1)a + 2(4k - 1)ck}{16k^2 - 12k + 1}, x_1^c = \frac{(8k - 1)(a - c)}{16k^2 - 12k + 1}$$
(5 - 60)

$$w_2^c = \frac{(8k^2 - 12k + 1)a + 8k^2 c}{16k^2 - 12k + 1}, x_2^c = \frac{4k(a - c)}{16k^2 - 12k + 1} \quad (5 - 61)$$

零售商的最优决策为

$$q_1^c = s_1^c = \frac{k(4k - 1)(a - c)}{16k^2 - 12k + 1}, q_2^c = s_2^c = \frac{4k^2(a - c)}{16k^2 - 12k + 1}, I = 0$$
(5 - 62)

制造商与零售商的最优利润分别为

$$\pi_m^c = \frac{(8k - 1)k(a - c)^2}{2(16k^2 - 12k + 1)}, \pi_r^c = \frac{(32k^2 - 8k + 1)k^2(a - c)^2}{(16k^2 - 12k + 1)^2}$$
(5 - 63)

证明：在观测到制造商的批发价 (w_1, w_2) 后，分两种情形讨论。

情形 1：若 $w_1 + h > w_2$，显然零售商不会转移库存，即 $q_i = s_i$。由一阶最优条件易证零售商的最优订购量为 $q_i = (a - w_i)/2$，将其带入制造商的利润方程中，最大化制造商的利润不难得出制造商的最优决策，此时在均衡状态下制造商的利润 π_m^c 为

$$\pi_m^c = \frac{(8k - 1)k(a - c)^2}{2(16k^2 - 12k + 1)} \quad (5 - 64)$$

情形 2：若 $w_1 + h \leq w_2$，零售商会在第一期购买完整个销售周期内所需要的库存，即 $q_2 = 0$，此时零售商的利润为

$$\pi_r = (a - s_1)s_1 - w_1(s_1 + I) - hI + (a - I)I \quad (5 - 65)$$

最大化零售商的利润即可得到零售商最优的决策为

$$(s_1, I) = ((a - w_1)/2, (a - w_1 - h)/2) \quad (5-66)$$

将其代入制造商的利润方程 $\pi_m = (w_1 - c + x_1)(s_1 + I) - kx_1^2/2$，不难得出制造商的最优决策为

$$(w_1^c, x_1^c) = \left(\frac{2(k-1)a + 2kc + (1-k)h}{2(2k-1)}, \frac{2a - 2c - h}{2(2k-1)}\right) \quad (5-67)$$

此时，制造商的利润为 $\pi_m^c = \dfrac{k(2a - 2c - h)^2}{8(2k-1)}$。

最后，对比情形1与情形2下制造商最优的利润，不难得出制造商的最优策略应满足 $w_1 + h > w_2$。

由命题5.6可知，在价格承诺合约下，零售商不会持有库存，此时零售商的订购量等于其销量，这也与一些学者（Anand et al., 2008; Roy et al., 2019）的结论相类似。这是因为，在给定两期的批发价时，零售商无法通过持有战略库存来迫使制造商降低第二期的批发价。制造商持续性的成本削减行为会导致第二期的单位生产成本低于第一期的单位生产成本，因此第一期的批发价相对较高，订购量（销量）相对较低。

5.3.2.3 均衡决策比较

表5-3给出了动态定价合约与价格承诺合约下供应链成员均衡决策的比较。可以看到，在库存持有成本成本较大（$h \geq h_2^d$）时，供应链成员在动态定价合约与在价格承诺下的最优决策一致，两种合约是等价的。

证明： 为简化证明，不妨取

$$h_x = \frac{2(128k^5 - 432k^4 + 464k^3 - 192k^2 + 33k - 2)k(a-c)}{(4^2 - 6k + 1)(16k^2 - 12k + 1)(4k - 1)}$$

$$h_q = \frac{2(192k^4 - 432k^3 + 296k^2 - 68k + 5)k(3k-1)(a-c)}{(18k^2 - 17k + 3)(16k^2 - 12k + 1)(4k - 1)^2}$$

$$h_{w_2} = \frac{2k(5k-1)(16k^3 - 24k^2 + 8k - 1)(a-c)}{(10k^2 - 5k + 1)(16k^2 - 12k + 1)(4k - 1)}$$

$$h_{s_2} = \frac{2k(5k-1)(16k^3 - 24k^2 + 8k - 1)(a-c)}{(10k^2 - 5k + 1)(16k^2 - 12k + 1)(4k - 1)}$$

表 5 - 3 供应链成员决策在两种合约下的比较

变量	$h < [h_1^d]^+$	$[h_1^d]^+ \leq h < h_2^d$	$h \geq h_2^d$
w_1	$w_1^d > w_1^c$	$w_1^d > w_1^c$	$w_1^d = w_1^c$
x_1	若 $k \leq 1.7396$, $x_1^d < x_1^c$； 若 $k > 1.7396$, $x_1^d > x_1^c \Leftrightarrow h < h_x$	$x_1^d < x_1^c$	$x_1^d = x_1^c$
s_1	$s_1^d < s_1^c$	$s_1^d < s_1^c$	$s_1^d = s_1^c$
q_1	若 $k \leq 1.1870$, $q_1^d < q_1^c$； 若 $k > 1.1870$, $q_1^d > q_1^c \Leftrightarrow h < h_q$	$q_1^d < q_1^c$	$s_1^d = s_1^c$
w_2	若 $k \leq 1.0957$, $w_2^d > w_2^c$； 若 $k > 1.0957$, $w_2^d > w_2^c \Leftrightarrow h_{w_2} < h < h_1^d$	$w_2^d > w_2^c$	$w_2^d = w_2^c$
x_2	$x_2^d < x_2^c$	$x_2^d < x_2^c$	$x_2^d = x_2^c$
s_2	若 $k \leq 1.0957$, $s_2^d < s_2^c$； 若 $k > 1.0957$, $s_2^d > s_2^c \Leftrightarrow 0 < h < h_{s_2}$	$s_2^d < s_2^c$	$s_2^d = s_2^c$
q_2	$q_2^d < q_2^c$	$q_2^d < q_2^c$	$q_2^d = q_2^c$

(i) 当 $h < h_1^d$ 时，有以下 8 种情况。

① $w_1^d - w_1^c = \dfrac{(4k-1)}{4(16k^2 - 12k + 1)A}[(32k^5 - 64k^4 + 80k^3 - 54k^2 + 13k - 1)kx - (k-1)(4k^2 - 6k + 1)(16k^2 - 12k + 1)(4k - 1)h]$。显然若 $k > \dfrac{3 + \sqrt{5}}{4}$，$w_1^d < w_1^c \Leftrightarrow h > \dfrac{2(32k^5 - 64k^4 + 80k^3 - 54k^2 + 13k - 1)k(a - c)}{(k-1)(4k^2 - 6k + 1)(16k^2 - 12k + 1)(4k - 1)} > h_1^d$，因此 $w_1^d > w_1^c$；若 $k \leq \dfrac{3 + \sqrt{5}}{4}$，$w_1^d > w_1^c$。

② $x_1^d - x_1^c = \dfrac{1}{2(16k^2 - 12k + 1)A}[2(128k^5 - 432k^4 + 464k^3 - 192k^2 + 33k - 2)kx - (4k^2 - 6k + 1)(16k^2 - 12k + 1)(4k - 1)h]$。若 $k < \dfrac{3 + \sqrt{5}}{4}$，$x_1^d - x_1^c > 0 \Leftrightarrow h > h_x > h_1^d$，因此 $x_1^d < x_1^c$。特别是当 $k = \dfrac{3 + \sqrt{5}}{4}$ 时，$x_1^d < x_1^c$ 仍然成立；若 $k > (3 + \sqrt{5})/4$，有 $x_1^d > x_1^c \Leftrightarrow h < h_x$。当 $(3 + \sqrt{5})/4 < k \leq 1.7396$ 时，$h_x \leq 0$，此时有 $x_1^d < x_1^c$；当 $k > 1.7396$ 时，$0 < h_x < h_1^d$，当

$h < h_x$,有 $x_1^d > x_1^c$;当 $h_x < h < h_1^d$ 时,有 $x_1^d < x_1^c$。

③ $s_1^d - s_1^c = \frac{(4k-1)}{4(16k^2 - 12k + 1)A}[(k-1)(4k^2 - 6k + 1)(16k^2 - 12k + 1)(4k-1)h - 2(32k^5 - 64k^4 + 80k^3 - 54k^2 + 13k - 1)kx]$。若 $k \leq (3+\sqrt{5})/4$,$s_1^d - s_1^c < 0$;若 $k > (3+\sqrt{5})/4$,$s_1^d > s_1^c \Leftrightarrow h > \frac{2(32k^5 - 64k^4 + 80k^3 - 54k^2 + 13k - 1)kx}{(k-1)(4k^2 - 6k + 1)(16k^2 - 12k + 1)(4k-1)} > h_1^d$。因此,总有 $s_1^d < s_1^c$。

④ $q_1^d - q_1^c > 0 \Leftrightarrow h < h_q < h_1^d$。若 $k \leq 1.1870$,$h_q \leq 0$,此时有 $q_1^d < q_1^c$;若 $k > 1.1870$,$h_q > 0$,那么 $0 < h < h_q$ 时,有 $q_1^d > q_1^c$;当 $h_q < h < h_1^d$ 时,有 $q_1^d < q_1^c$。

⑤ $w_2^d - w_2^c > 0 \Leftrightarrow h > h_w = \frac{2k(5k-1)(16k^3 - 24k^2 + 8k - 1)x}{(10k^2 - 5k + 1)(16k^2 - 12k + 1)(4k-1)}$,易证 $h_w < h_1^d$ 且当 $k > 1.0957$ 时,$h_{w_2} > 0$。因此若 $k > 1.0957$,$w_2^d - w_2^c > 0 \Leftrightarrow 0 < h_{w_2} < h < h_1^d$;若 $k \leq 1.0957$,$w_2^d > w_2^c$。

⑥ $x_2^d - w_2^c > 0 \Leftrightarrow h > \frac{2(320k^5 - 786k^4 + 672k^3 - 272k^2 + 48k - 3)kx}{(40k^3 - 48k^2 + 19k - 2)(16k^2 - 12k + 1)(4k-1)} > h_1^d$,因此 $x_2^d < x_2^c$。

⑦ $s_2^d - s_2^c > 0 \Leftrightarrow h < h_{s_2} = \frac{2k(5k-1)(16k^3 - 24k^2 + 8k - 1)x}{(10k^2 - 5k + 1)(16k^2 - 12k + 1)(4k-1)}$,易证 $h_{s_2} < h_1^d$,且当 $k \leq 1.0957$ 时,$h_{s_2} \leq 0$。因此,若 $k \leq 1.0957$,$s_2^d < s_2^c$;若 $k > 1.0957$,$s_2^d > s_2^c \Leftrightarrow 0 < h < h_{s_2}$。

⑧ $q_2^d - q_2^c > 0 \Leftrightarrow h > \frac{2(320k^5 - 786k^4 + 672k^3 - 272k^2 + 48k - 3)kx}{(40k^3 - 48k^2 + 19k - 2)(16k^2 - 12k + 1)(4k-1)} > h_1^d$,因此 $q_2^d < q_2^c$。

(ii) 当 $h \geq h_1^d$ 时,由表 5-3 与命题 5.6 易证。

表 5-3 给出了两种合约下供应链成员最优决策之间的比较。可以看到,当库存持有成本 h 较小($h < [h_1^d]^+$)时,在动态定价合约下,均衡状态下第二期成本削减水平为 $x_2^d = (a - c + x_1^d - 2I)/(4k-1)$,这也意味着

随着库存水平增加,第二期零售商的订购量减少,制造商不得不降低第二期的批发价与成本削减投资,因此会有 $x_2^d < x_2^c$,$q_2^d < q_2^c$。制造第二期的成本削减水平与零售商的战略库存水平同时影响着产品第二期的批发价,一方面战略库存水平越高,零售商在第二期的议价能力就越强,零售商也就能在第二期获得较低的批发价(Anand et al.,2008);另一方面战略库存水平的增加导致了制造商成本削减投资的下降,有可能会使得制造商不得不提高批发价来保证边际利润。因此,当成本削减效率较高时(k 较小),制造商能够有效地进行成本削减,零售商的战略库存使得成本削减投资的下降带来的负效用占据主导地位,因此有 $w_2^d > w_2^c$。而当成本削减效率较低(k 较大)时,当且仅当库存持有成本较小时,较高的战略库存水平所带来议价能力增加相对于成本削减水平下降带来的负效用占据主导地位时,才会有 $w_2^d < w_2^c$。而当库存持有成本较高时,零售商的战略库存水平相对较低;相应地,第二期的议价能力相对较低,第二期成本削减水平下降带来的负效用会占据主导地位,因此有 $w_2^d > w_2^c$。两种合约第二期的销量大小关系直接受到第二期批发价大小关系的影响。可以看到,若成本削减效率较高(k 较小)时,在动态定价合约下,虽然零售商第二期的销量部分来自战略库存,由于第二期的批发价相对较高,因此第二期的销量相对较低,即 $s_2^d < s_2^c$。若成本削减效率较高(k 较大)时,当库存持有成本相对较低时,由于动态定价的库存持有水平较高,虽然第二期的订购量较低,但第二期的销量仍会相对较高,即有 $s_2^d > s_2^c$;当库存持有成本相对较高时,在动态定价下,较低的库存持有水平及订购量会导致零售商的销量相对较低,即有 $s_2^d < s_2^c$。

由于在动态定价合约下,零售商存在战略库存行为,动态定价下第一期的批发价相对较高,即有 $w_1^d > w_1^c$。一方面零售商会将部分库存转移到第二期,另一方面第一期较高的批发价也会降低零售商在第一期销售的动力,因此相对于价格承诺合约,零售商在动态定价合约下第一期的销量相对较低，即有 $s_1^d < s_1^c$。制造商在动态地进行成本削减时，单位生产成本不断降低，势必批发价也会不断地降低，这也使得在动态定价合约下零售商的战略库存意愿降低，即随着成本削减水平效率增加（k 减小），零售商的库存持有水平降低。因此，当制造商的成本削减水平较高（k 较小）时，相对价格承诺合约，较低的库存水平及较高的批发价会使得动态定价合约下的零售商在第一期订购量相对较低，即 $q_1^d < q_1^c$。而在制造商的成本削减水平较低（k 较大）时，零售商持有库存的意愿较强。那么，当库存持有成本 h 相对较低时，零售商的库存持有水平较高，因此动态定价下第一期订购量相对较高，即 $q_1^d > q_1^c$；相应地，当库存持有成本相对较高时，零售商不得不减少持有库存，此时动态定价下第一期订购量相对较低，即 $q_1^d < q_1^c$。最后，由于库存持有成本和成本削减效率共同影响动态定价合约下的成本削减水平，当成本削减效率较高或当成本削减水平较低且库存持有成本较高时，价格承诺合约下第一期的订购量有可能会更高，因此其成本削减水平相对较高。而当成本削减效率较低且库存持有成本较低时，动态定价合约下零售商第一期的订购量可能更高，此时制造山的成本削减水平相对更高。

当库存持有成本 h 处于中等水平（$[h_1^d]^+ \leq h < h_2^d$）时，动态定价合约下的零售商仍具有战略库存威胁，因此有 $w_1^d > w_1^c$。另外，由于库存持有成本不是太低，均衡状态下的零售商持有库存水平为零，即两期的订购量均等同于销量，这时动态定价合约下较高的批发价也会使零售商的订购量（销量）相对较低；相应地，制造商第一期的成本削减水平也会相对较低。在第二期时，在均衡状态下，制造商第二期的批发价为 $w_2 = [(2k-1)a + 2kc_2]/4k - 1$，成本削减水平为 $x_2 = (a - c_2)/(4k - 1)$，可以看到，第二期的初始单位生产成本越高，制造商的第二期的批发价就越高，成本削减水平就越低。价格承诺合约下第一期较高的成本削减水平使得其第二期的初始单位生产成本相对较低，因此相对于动态定价合约，价格承诺合约下第二期的批发价较低、成本削减水平较高，从而零售商第二期的订购量（销量）相对较高。

当库存持有成本 h 较高（$h \geq h_2^d$）时，过高的持有库存成本使零售商不再持有库存，此时两种合约等价，这与安南德等（Anand et al., 2008）的结论相类似。

命题5.7 (i) 当 $h < [h_1^d]^+$ 时，可分为以下三种情况。

(a) 若 $k < k_m (k_m \approx 1.7396)$，制造商偏好价格承诺合约，即 $\pi_m^d < \pi_m^c$；若 $k \geq k_m$，存在 $h_m \in (0, h_1^d)$，当 $h < h_m$ 时，制造商偏好动态定价合约，即 $\pi_m^d > \pi_m^c$；当 $h \geq h_m$ 时，制造商偏好价格承诺合约，即 $\pi_m^d < \pi_m^c$。

(b) 若 $k < k_r (k_r \approx 2.2764)$，零售商偏好价格承诺合约，即 $\pi_r^d < \pi_r^c$；若 $k \geq k_r$，存在 $h_r \in (0, h_1^d)$，当 $h < h_r$ 时，零售商偏好动态定价合约，即 $\pi_r^d > \pi_r^c$；当 $h \geq h_r$ 时，零售商偏好价格承诺合约，即 $\pi_r^d < \pi_r^c$。

(c) 若 $k < k_s (k_s \approx 2.0229)$，供应链偏好价格承诺合约，即 $\pi_s^d < \pi_s^c$；若 $k \geq k_s$，存在 $h_s \in (0, h_1^d)$，当 $h < h_s$ 时，供应链偏好动态定价合约，即 $\pi_s^d > \pi_s^c$；当 $h \geq h_s$ 时，供应链偏好价格承诺合约，即 $\pi_s^d < \pi_s^c$。

(ii) 当 $[h_1^d]^+ \leq h < h_2^d$ 时，零售商、制造商及供应链均偏好价格承诺合约。

(iii) 当 $h \geq h_2^d$，对于零售商、制造商及供应链来说，两种合约等价。

其中

$$h_m = \frac{2[(4k-1)(4k^2-6k+1)(16k^2-12k+1) - \sqrt{(4k-1)(16k^2-12k+1)A}](a-c)}{(8k-5)(4k-1)^2(16k^2-12k+1)},$$

$$h_r = \frac{2k[k(16k^2-12k+1)K_2 - (272k^5-512k^4+360k^3-119k^2+18k-1)\sqrt{K_3}](a-c)}{(4k-1)^2(16k^2-12k+1)K_1},$$

$$h_s = \frac{2k[(16k^2-12k+1)K_5 - (272k^5-512k^4+360k^3-119k^2+18k-1)\sqrt{2kK_6}](a-c)}{K_4(4k-1)^2(16k^2-12k+1)}。$$

证明： (i) 为保证 $h_1^d > 0$，这里仅考虑 $k > 1.060$ 的情形。

(a) 制造商在在动态定价与价格承诺合约下的利润之差为

$$\pi_m^d - \pi_m^c = \frac{kg_1(h)}{8K(16k^2 - 12k + 1)} \quad (5-68)$$

其中 $K = 272k^5 - 512k^4 + 360k^3 - 119k^2 + 18k - 1$,$g_1(h) = (8k - 5)(16k^2 - 12k + 1)(4k - 1)^3h^2 - 4(4k^2 - 6k + 1)(16k^2 - 12k + 1)(4k - 1)^2 xh + 4(128k^5 - 432k^4 + 464k^3 - 192k^2 + 33k - 2)kx^2$。显然 $g_1(h)$ 是关于 h 的一元二次函数,开口向上且与 $\pi_m^d - \pi_m^c$ 符号相同。易证 $g_1(0) > 0 \Leftrightarrow k > k_m \approx 1.7396$,$g_1(h_1^d) < 0$,且由 $\partial g_1(h)/\partial h = 0$ 可得到 $g_1(h)$ 的极小值点 h_{g_1} 为 $h_{f_1} = \frac{2(4k^2 - 6k + 1)x}{32k^2 - 28k + 5} < h_1^d$。下面分两种情况讨论。

情形 1:若 $k < k_m$,$g_1(0) < 0$,$g_1(h_1^d) < 0$。由 $g_1(h)$ 的性质可以判定,$g_1(h) < \max(g_1(0), g_1(h_1^d)) < 0$。

情形 1:若 $k > k_m$,$h_{f_1} > 0$。因此 $g_1(h)$ 在区间 $(0, h_{f_1})$ 上严格单调递减,在区间 (h_{f_1}, h_1^d) 上严格单调递增,又 $g_1(h_1^d) < 0 < g_1(0)$,因此存在唯一的 $h_m \in (0, h_{f_1})$ 满足 $g_1(h_m) = 0$,且 $g_1(h)$ 在区间 $(0, h_m)$ 内恒正,在区间 (h_m, h_1^d) 上恒负。其中 h_m 为

$$h_m = \frac{2[(4k - 1)(4k^2 - 6k + 1)(16k^2 - 12k + 1)}{(8k - 5)(4k - 1)^2(16k^2 - 12k + 1)} - \frac{\sqrt{(4k - 1)(16k^2 - 12k + 1)K}](a - c)}{(8k - 5)(4k - 1)^2(16k^2 - 12k + 1)} \quad (5-69)$$

(b) 零售商在两种合约下的利润之差为

$$\pi_r^d - \pi_r^c = \frac{g_2(h)}{8K^2(16k^2 - 12k + 1)^2} \quad (5-70)$$

其中 $g_2(h) = (9728k^8 - 28224k^7 + 34344k^6 - 22952k^5 + 9236k^4 - 2282k^3 + 339k^2 - 28k + 1)(4k - 1)^2(16k^2 - 12k + 1)^2h^2 - 4k^2(15104k^8 - 48384k^7 + 63008k^6 - 44720k^5 + 19296k^4 - 52 - 5212k^3 + 857k^2 - 78k + 3)(16k^2 - 12k + 1)^2h(a - c) + 4k^2(344064k^{12} - 1912832k^{11} + 4105728k^{10} - 4611072k^9 +

$3012480k^8 - 1163840k^7 + 234144k^6 - 784k^5 - 12842k^4 + 3552k^3 - 481k^2 + 34k - 1)(a - c)^2$。易证 $g_2(h)$ 是关于 h 的一元二次函数，且开口向上，且 $g_2(0) > 0 \Leftrightarrow k > k_r \approx 2.2764$, $g_2(h_1^d) < 0$。下面分两种情形讨论。

情形 1：若 $k < k_r$, $g_2(0) < 0$, $g_2(h_1^d) < 0$。因此，由 $g_2(h)$ 的性质可得，$g_2(h) < \max(g_2(0), g_2(h_1^d)) < 0$。

情形 2：若 $k \geq k_r$, $g_2(0) \geq 0$, $g_2(h_1^d) < 0$。由 $g_2(h)$ 的性质可知，存在唯一一点 $h_r \in (0, h_1^d)$ 满足 $g_2(h_r) = 0$ 且 $g_2(h)$ 在区间 $(0, h_r)$ 上恒正，在区间 (h_r, h_1^d) 上恒负。其中

$$h_r = \frac{2k(k(16k^2 - 12k + 1)K_2 - (272k^5 - 512k^4 + 360k^3 - 119k^2 + 18k - 1)\sqrt{K_3})(a - c)}{(4k - 1)^2(16k^2 - 12k + 1)K_1},$$

$K_1 = 9728k^8 - 28224k^7 + 34344k^6 - 22952k^5 + 9236k^4 - 2282k^3 + 339k^2 - 28k + 1$, $K_2 = 15104k^8 - 48384k^7 + 63008k^6 - 44720k^5 + 19296k^4 - 5212k^3 + 857k^2 - 78k + 3$, $K_3 = 65536k^{12} + 491520k^{11} - 1716224k^{10} + 2021376k^9 - 1085440k^8 + 193408k^7 + 90960k^6 - 70352k^5 + 22608k^4 - 4316k^3 + 507k^2 - 34k + 1$。

（c）供应链在两种合约下的利润之差为

$$\pi_s^d - \pi_s^c = \frac{g_3(h)}{8K^2(16k^2 - 12k + 1)^2} \tag{5-71}$$

其中 $g_3(h) = (4k - 1)^2(16k^2 - 12k + 1)^2(18432k^8 - 52224k^7 + 61560k^6 - 39400k^5 + 14944k^4 - 3413k^3 + 457k^2 - 33k + 1)h^2 - 4k(16k^2 - 12k + 1)^2(32512k^9 - 115968k^8 + 170080k^7 - 137040k^6 + 67600k^5 - 21224k^4 + 4235k^3 - 517k^2 + 35k - 1)h(a - c) + 4k^2(2k - 1)(450560k^{11} - 2404352k^{10} + 5114112k^9 - 5885184k^8 + 4147904k^7 - 1903872k^6 + 583520k^5 - 119224k^4 + 15829k^3 - 1289k^2 + 57k - 1)(a - c)^2$。显然 $g_3(h)$ 是关于 h 的二次函数，开口向上且与 $\pi_s^d - \pi_r^c$ 符号相同。易证 $g_3(0) > 0 \Leftrightarrow k > k_s \approx 2.0229$, $g_3(h_1^d) < 0$，分两种情形讨论。

情形1：若 $k < k_s$，有 $g_3(0) < 0$，$g_3(h_1^d) < 0$。根据 $g_3(h)$ 函数的性质，有 $g_3(h) < \max(g_3(0), g_3(h_1^d)) < 0$。

情形2：若 $k \geq k_s$，有 $g_3(0) \geq 0$，$g_3(h_1^d) < 0$。同理，根据 $g_3(h)$ 的性质，存在唯一的 $h_s \in (0, h_1^d)$ 满足 $f_3(h_s) = 0$，且 $f_3(h)$ 在区间 $(0, h_s)$ 恒为正，在区间 (h_s, h_1^d) 上恒为负。其中 $h_s = \dfrac{2k[(16k^2 - 12k + 1)K_5 - K\sqrt{2kK_6}]x}{K_4(4k-1)^2(16k^2 - 12k + 1)}$。

$K_4 = 18432k^8 - 52224k^7 + 61560k^6 - 39400k^5 + 14944k^4 - 3413k^3 + 457k^2 - 33k + 1$，$K_5 = 32512k^9 - 115968k^8 + 170080k^7 - 137040k^6 + 67600k^5 - 21224k^4 + 4235k^3 - 517k^2 + 35k - 1$，$K_6 = 32768k^{11} + 802816k^{10} - 2725888k^9 + 3800064k^8 - 2998272k^7 + 1512064k^6 - 514552k^5 + 120044k^4 - 18928k^3 + 1925k^2 - 114k + 3$。

(ii) 当 $[h_1^d]^+ \leq h < h_2^d$ 时

(a) 对于制造商来说，由命题5.4的证明可知 $\pi_m^d(h)|_{h_1^d \leq h < h_2^d} \leq \pi_m^d(h = h_2^d) = \pi_m^c$。

(b) 零售商在两种合约下的利润之差为

$$\pi_r^d - \pi_r^c = \frac{g_4(h)(h - h_2^d)(h + h_{x1})}{16(2k-1)^2(64k^3 - 60k^2 + 14k + 1)^2(16k^2 - 12k + 1)^2}$$

(5 – 72)

其中 $g_4(h) = (4k-1)(16k^2 - 12k + 1)(64k^3 - 64k^2 + 16k - 1)(4096k^6 - 9216k^5 + 8064k^4 - 3552k^3 + 852k^2 - 104k + 5)$，$h_{x1} = 2k(98304k^8 - 245760k^7 + 248832k^6 - 134400k^5 + 43424k^4 - 8896k^3 + 1156k^2 - 88k + 3)(a - c)/[(4096k^6 - 9216k^5 + 8064k^4 - 3552k^3 + 852k^2 - 104k + 5)(4k-1)(16k^2 - 12k + 1)]$。易证 $h_{x1} > 0$，$g_2(h) > 0$，因此有 $\pi_r^d < \pi_r^c$。

(c) 由（a）和（b）的证明可知，$\pi_m^d < \pi_m^c$，$\pi_r^d < \pi_r^c$。因此，有 $\pi_s^d < \pi_s^c$，即整体供应链在价格承诺下的利润更高。

(iii) 由表5-3可知，供应链成员在两种合约下均衡决策相同，两种合约等价。

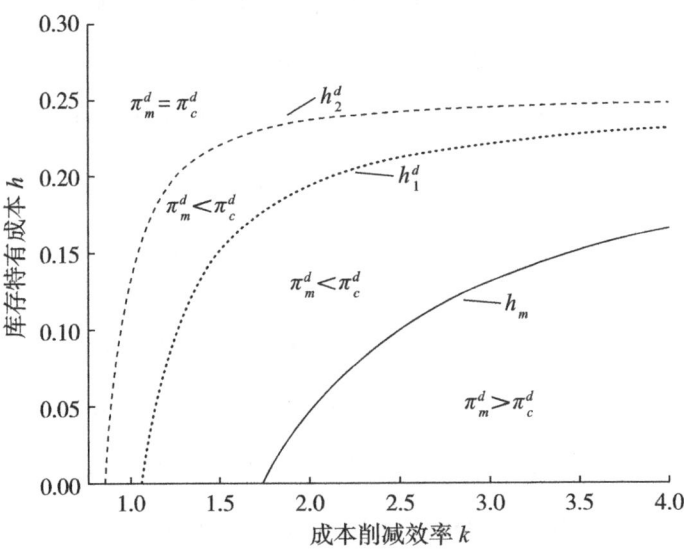

图 5-4　$a=5$，$c=4$ 时制造商在两种合约下的利润比较

图 5-4~图 5-6 分别给出了制造商、零售商及整体供应链对合约的偏好。首先分析战略库存行为对制造商合约偏好的影响。安南德等（Anand et al.，2008）认为，零售商的战略库存行为能够迫使制造商降低第二期的批发价，从而获得更低的平均批发价，制造商通过提高第一期的批发价仍能从战略库存中受益。由图 5-4 可知，当制造商进行成本削减时，零售商的战略库存行为抑制了制造商在第二期的成本削减行为，而且当库存持有成本不是太低时（$h_x \leqslant h < h_2^d$），动态定价合约下第一期的成本削减水平相对较低。这也意味着，价格承诺合约下的制造商更具有成本优势。当库存持有成本较低时（$h < h_1^d$），若成本削减效率较高（$k \leqslant k_m$），零售商的战略库存行为使得制造商两期的成本削减水平相对较低，两期的单位生产成本相应较高，成本削减水平降低带来的负效应占据主导地位，因此制造商会更偏好价格承诺合约。若成本削减效率较低时（$k > k_m$），当库存持有成本相对较低时，相对于价格承诺合约，动态定价下的成本削减水平较高，第一期的单位生产成本相对较低，制造商不仅在第一期的边际利

润相对较高,且第一期的订购量也有可能相对较高。整体来看,动态定价合约下的制造商在第一期利润较高,整体利润也会相对较高;当库存持有成本相对较高时,虽然在动态定价合约下制造商第一期的批发价相对较高,但会面临生产成本较高、成本削减水平与销量相对较低等不利局面。因此,战略库存对制造商带来的负效应占据主导地位,制造商在价格承诺下的利润更高。

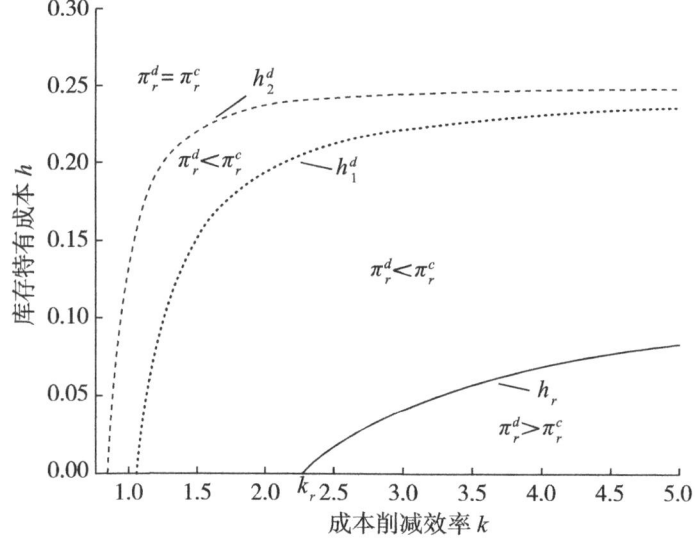

图 5-5 $a=5$, $c=4$ 时零售商在两种合约下的利润比较

对于零售商来说,战略库存行为能够增加其在第二期的议价能力,但需要支付一定转运成本 hI。当制造商成本削减效率较高时 ($k<k_r$),即使零售商的库存持有成本为零,零售商仍会偏好价格承诺合约。这是因为,当制造商能够有效地进行成本削减时,战略库存行为降低了制造商两期的成本削减水平所带来的负效应(两期批发价增加),相对于第二期议价能力增加带来的正效应占据主导地位。而当成本削减效率较低时 ($k \geq k_r$) 时,若库存持有成本相对较低,此时零售商的战略库存水平较高,零售商第二期议价能力增加带来的正效应相对于成本削减水平降低带来的负效应占据

主导地位，零售商在动态定价合约下的利润更高；而当库存持有成本相对较高时，零售商第二期议价能力增加所带来的正效应也是有限的，与此同时还需要支付高额的转运成本，因此零售商在价格承诺合约下的利润更高。

与零售商对合约的偏好相类似，当成本削减效率较高时，两期成本削减水平的下降带来的负效应会占据主导地位，因此整体供应链会偏好价格承诺合约。当成本削减效率较高，只有在库存持有成本较低时，战略库存带来的正效应能够占据主导地位，整体供应链才会偏好动态定价合约。

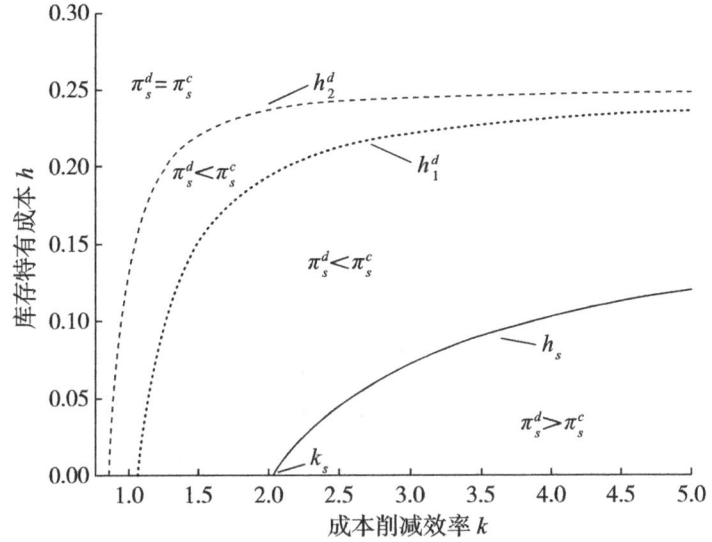

图 5-6　$a=5, c=4$ 时供应链在两种合约下的利润比较

命题 5.7（ii）说明，当库存持有成本趋于中间值时，供应链成员总是偏好价格承诺合约。由表 5-3 可知，由于零售商的库存持有威胁，相对于价格承诺合约，动态定价合约下制造商的两期的成本削减水平较低，生产成本相对较高，由此两期的批发价较高，零售商的战略库存行为抑制了制造商成本削减，制造商在价格承诺下的成本优势更高，因此制造商与零售商更偏好价格承诺合约，相应地，整体供应链在价格承诺合约下的利润更

高。可以说，此时零售商的战略库存行为加剧了双重边际化效应。

命题 5.7（iii）的结论很直观。在库存持有成本较高，零售商不持有库存时，动态定价合约与价格承诺合约等价，这也与安南德等（Anand et al.，2008）中的结论相类似。

总的来说，在制造商进行成本削减时，战略库存并不一定能够缓解双重边际化效应。特别是当制造商成本削减效率较高时，零售商的战略库存行为会抑制制造商的成本削减行为，从而加剧双重边际化效应。

推论 5.9 h_m，h_r，h_s 随着制造商成本削减效率下降（k 增加）单调递增，即 $\partial h_m/\partial k > 0$，$\partial h_r/\partial k > 0$，$\partial h_s/\partial k > 0$。

由命题 5.7 可知，在制造商成本削减效率下降时，零售商战略库存带来的负效应也随之降低，因此 h_m、h_r 及 h_s 均增加。

5.4 本章小结

总成本领先战略是"竞争战略之父"美国学者迈克尔·波特（Michael·Porter）所提出的三种卓有成效的竞争战略之一。成本削减作为企业提升竞争力的重要手段，在面对零售商的战略库存行为时，选择合适的成本削减水平及定价策略对于整体供应链来说至关重要。

首先，本章研究了当制造商只有一次成本削减机会时，供应链成员在动态定价与价格承诺两种合约下的定价与库存决策问题。此时，制造商并不能完全消除战略库存，而且成本削减投资行为会激励零售商的战略库存行为；当零售商持有库存时，随着库存持有成本增加，第一期的批发价的变化取决于制造商的成本削减效率；通过对比两种合约下供应供应链成员的利润，发现零售商持有库存总是能够增加制造商的利润。当制造商能够有效削减成本时，零售商的战略库存行为会促使制造商扩大成本削减投资，从而有益于零售商与整体供应链。当制造商的成本削减效率较低时，当且仅当库存持有成本较低时，战略库存使得零售商与供应链受益。

进一步地，本章研究了制造商进行动态成本削减时，零售商在两种合约下的定价与库存决策问题。与制造商只有一次成本削减机会的情形相反，成本削减投资行为不仅会抑制零售商的战略库存行为，而且当制造商的成本削减效率较高时，动态定价合约能够完全消除战略库存。通过比较两种合约下供应链成员的利润，我们发现，由于零售商的战略库存行为降低了制造商的成本削减水平，战略库存有可能会损害供应链成员的利润。特别是当库存持有处于中等水平时，战略库存加剧了双重边际化效应，零售商、制造商及整体供应链均偏好价格承诺合约。

总的来说，在制造商制定合约与成本削减投资水平时，若零售商具有持有库存能力，动态定价合约则不再是制造商的首选。此时，制造商应充分考虑库存持有成本、自身的成本削减投资有效性及成本削减次数等因素。

6 总结与展望

6.1 全书总结

本书研究了单条供应链中战略库存的存在性，探讨了战略库存对供应链成员及供应链效率的的影响。基于目前的研究现状，本书从参考价格效应、生产学习效应和制造商成本削减三个角度，提炼了三个关于零售商战略库存的研究问题：①消费者购买决策受到参考价格效应影响时，零售商的战略库存与定价决策是怎样的？参考价格如何影响战略库存水平？战略库存与参考价格如何交互影响供应链效率？②在制造商存在生产学习效应时，生产学习效应如何影响战略库存水平？进一步地，若同时存在科技进步或库存不可观测的情形，这些因素如何影响供应链定价策略的制定？③在制造商进行成本削减投资时，成本削减计划是怎样影响战略库存决策的？制造商如何选择合约及确定最优的投资水平？战略库存对供应链的效率产生了怎样的影响？

本书一定程度上丰富了战略库存领域的理论研究，在得到了一些管理启示的同时，可以帮助企业更好地实施定价与库存决策，从而提高供应链效率。具体来说，本书的主要工作和研究成果可以表述为以下三个方面。

首先，在第3章中，研究了消费者的购买决策受参考价格效应时，零售商的战略库存与定价决策，并探讨了动态定价与价格承诺两种定价合约。结果表明，在动态定价合约下，参考价格效应虽然能够抑制但并不能完全消除零售商的战略库存行为。通过比较动态定价合约与价格合约下供应链成员的利润，发现战略库存始终能为制造商带来更多的利润。当参考价格效应较低时，战略库存有可能会损害零售商与供应链的利润。然而，当参考价格效应显著时，战略库存为零售商与整体供应链带来了更多的利润。本章发现当零售商的库存持有成本与产品价值相关时，战略库存行为始终能够缓解双重边际效应，从而为供应链成员带来更高的利润。

其次，在第4章中，考虑到制造商存在的生产学习效应，其第二期的生产成本会随着第一期订购量的增加而降低。因此，本书提出了由一个制造商与一个零售商构成的两阶段模型，得出了供应链成员在两种定价合约的最优决策，并分析了战略库存存在的条件。研究发现，当零售商的库存持有成本较低时，动态定价合约下的零售商会战略性地持有库存。当库存持有成本处于中等水平时，虽然战略库存水平为0，但零售商仍具有战略库存威胁。当库存持有成本较高时，零售商不会持有库存。通过对比两种合约下供应链成员的利润可以发现，当生产学习效应显著时，战略库存虽然会损害零售商的利润，但始终能够增加整体供应链的利润。此外，本书还分析了库存信息不对称时的情形，结果表明，随着库存持有成本增加，战略库存水平有可能增加；由于制造商具有先动优势，战略库存始终能够增加整体供应链及制造商的利润。但是，在库存持有成本较低时，战略库存会损害零售商的利润。此外，本书还探讨了市场中存在科技进步时的情形，发现战略库存不仅有可能会损害零售商的利润，而且还有可能使制造商的利润受损，从而加剧双重边际化效应，并降低供应链的效率。

最后，在第5章中，本书研究了制造商成本削减对零售商战略库存决策的影响，并考虑了制造商固定成本削减与动态成本削减两种成本削减方式，进一步分析了战略库存对供应链成员利润的影响。研究表明，当制造商只有一次成本削减机会时，动态定价合约下的零售商可能会持有战略库存，并且战略库存能够激励制造商进行成本削减；随着库存持有成本增加，零售商第一期的批发价有可能是下降的；对于制造商来说，战略库存始终能增加它的利润；若制造商成本削减效率较高，战略库存能够增加供应链成员的利润；若制造商成本削减效率较低，当且仅当库存持有成本较低，战略库存才能增加零售商与供应链的利润。

当制造商动态地进行成本削减时，成本削减会抑制零售商的战略库存行为。特别是当成本削减效率较高时，动态定价合约能够完全消除零售商的战略库存行为。通过对比供应链成员在动态定价合约与价格承诺合约下的利润发现，战略库存有可能会加剧双重边际效应，从而损害制造商与零售商的利益；与固定成本削减投资不同的是，当制造商成本削减效率较高时，零售商的战略库存行为会降低制造商两期的成本削减水平，从而导致两期的批发价增加，双重边际化效应加剧；当库存持有成本处于中等水平时，零售商的战略威胁同样会导致制造商的成本削减水平下降，从而损害供应链成员的利润。

综上所述，战略库存对供应链成员的影响是复杂的，它的作用取决于多种因素，如参考价格效应、生产学习效应、成本削减方式、成本削减效率、库存持有成本及合约类型等。因此，并不能简单地认为战略库存就一定能够缓解双重边际效应。在某些情况下，战略库存能够缓解双重边际效应，增加供应链成员的利润，如当参考价格效应显著或固定成本削减下的成本削减效率较高时。然而，在其他情况下，如存在科技进步或制造商动态地进行成本削减投资时，战略库存可能会加剧双重边际效应，损害供应链成员的收益。因此，战略库存对供应链成员来说是一把双刃剑，需要谨慎使用，以确保最终实现供应链的协同和优化。

6.2 研究不足与研究展望

由于篇幅有限和实际问题的复杂性，为简化分析，本书简化了部分模型。基于目前的研究现状，存在以下值得进一步探究的问题。

（1）在第 3 章中，从消费者效用角度出发刻画参考价格效应，在未来的研究中，可考虑更一般形式的参考价格模型（Popescu，Wu，2007；Chen et al.，2016）。第 3 章仅考虑了两期的需求模型，在多期情形下参考价格效应如何影响零售商的战略库存行为也是值得进一步探讨的问题。第 3 章假定制造商可以观测到零售商的实际库存量及销售价格，但在现实生活中制造商可能无法知晓零售商的实际库存状况。因此，在未来的研究中可以基于库存信息不对称等因素来探讨零售商的战略库存行为及其库存信息披露决策。此外，处在下游的零售商离顾客更近，在销售过程中拥有一手数据，比制造商更了解市场的需求信息，可在需求信息不对称下探讨零售商的战略库存行为。

（2）在第 4 章中，本书仅考虑了线性的确定性生产学习曲线，类似于部分学者的研究（Fine，Porteus，1989；Bernstein，Kok，2009；Li et al.，2015；Shum et al.，2016），考虑生产学习曲线不确定时或考虑指数形式的生产学习曲线值得进一步探讨。另外，本书仅考虑了零售商具有库存持有能力，在后续的研究中，可考虑零售商与制造商同时具有库存持有能力时，分析生产学习效应对零售商与制造商的库存决策的影响。

（3）本书考虑了制造商提供简单的批发价合约，类似于部分学者的研究（Anand et al.，2008；Cachon，2003）。在未来的研究中，也可在考虑两部收费合约、收益共享合约、数量折扣合约等合约的同时，结合参考价格效应、生产学习效应等因素，探讨零售商的战略库存对供应链效率的影响。本书仅考虑线性的价格需求关系，在后续的研究中，非线性价格需求关系下零售商的战略库存行为仍值得去研究。

（4）本书仅考虑了单零售商—单制造商组成的供应链结构，在未来的研究中，可以将本书的模型拓展至更一般的供应链结构，如多条竞争性供应链、竞争性制造商、竞争性零售商等供应链结构，进一步研究市场竞争程度对战略库存策略的影响。

（5）在本书两阶段的销售模型中，消费者在第一期购买的决策仅受到当期价格的影响。在现实生产中，商家的频繁促销活动使得顾客变得越来具有战略性，产品第二期的价格很有可能会影响顾客在第一期的购买决策，未来也可将顾客的战略等待性考虑到本书的模型中。

（6）本书假定制造商与零售商均是风险中性的。类似于陈和肖（Chen，Xiao，2012）、蒋等（Jiang et al.，2016），在未来的研究中也可将供应链成员的风险态度考虑进来。

参考文献

ALFARES H K, GHAITHAN A M, 2016. Inventory and pricing model with price – dependent demand, time – varying holding cost, and quantity discounts [J]. Computers & Industrial Engineering, 94: 170 – 177.

ANAND K, ANUPINDI R, BASSOK Y, 2008. Strategic inventories in vertical contracts [J]. Management Science, 54 (10): 1792 – 1804.

ANUPINDI R, CHOPRA S, DESHMUKH S D, et al. 1999. Managing business process flows [M]. New York: Prentice Hall.

ARGOTE L, EPPLE D, 1990. Learning curves in manufacturing [J]. Science, 247 (4945): 920 – 924.

ARYA A, FRIMOR H, MITTENDORF B, 2014. Decentralized procurement in light of strategic inventories [J]. Management Science, 61 (3): 578 – 585.

ARYA A, MITTENDORF B, SAPPINGTON D E M, 2007. The bright side of supplier encroachment [J]. Marketing Science, 26 (5): 651 – 659.

ARYA A, MITTENDORF B, 2013. Managing strategic inventories via manufacturer – to – consumer rebates [J]. Management Science, 59 (4): 813 – 818.

BANERJEE S, LIN P, 2003. Downstream R&D, raising rivals' costs, and input price contracts [J]. International Journal of Industrial Organization, 21 (1): 79 – 96.

BASU A, JAIN T, HAZRA J, 2018. Supplier selection under production learning and process improvements [J]. International Journal of Production Economics, 204: 411-420.

BELL D R, LATTIN J M, 2000. Looking for loss aversion in scanner panel data: The confounding effect of price response heterogeneity [J]. Marketing Science, 19 (2): 185-200.

BERNSTEIN F, KÖK A G, 2009. Dynamic cost reduction through process improvement in assembly networks [J]. Management Science, 55 (4): 552-567.

CABRAL L M B, RIORDAN M H, 1994. The learning curve, market dominance, and predatory pricing [J]. Econometrica, 62 (5): 1115-1115.

CACHON G P, SWINNEY R, 2009. Purchasing, pricing, and quick response in the presence of strategic consumers [J]. Management Science, 55 (3): 497-511.

CACHON G P, ZHANG F, 2006. Procuring fast delivery: Sole sourcing with information asymmetry [J]. Management Science, 52 (6): 881-896.

CACHON G P, 2003. Supply chain coordination with contracts [J]. Handbooks in Operations Research and Management Science, 11: 227-339.

CACHON G P, 2004. The allocation of inventory risk in a supply chain: Push, pull, and advance purchase discount contracts [J]. Management Science, 50 (2): 222-238.

CHEN K, XIAO T, 2011. Ordering policy and coordination of a supply chain with two-period demand uncertainty [J]. European Journal of Operational Research, 215 (2): 347-357.

CHEN X, HU P, HU Z, 2016. Efficient algorithms for the dynamic pricing problem with reference price effect [J]. Management Science, 63

(12): 4389-4408.

CHEN X, HU P, SHUM S, et al. 2016. Dynamic stochastic inventory management with reference price effects [J]. Operations Research, 64 (6): 1529-1536.

CHEN X, HU P, 2012. Joint pricing and inventory management with deterministic demand and costly price adjustment [J]. Operations Research Letters, 40 (5): 385-389.

CHEN X, HU Z Y, ZHANG Y H, 2019. Dynamic Pricing with Stochastic Reference Price Effect [J]. Journal of the Operations Research Society of China, 7 (1): 107-125.

CHIANG W K, CHHAJED D, HESS J D, 2003. Direct marketing, indirect profits: A strategic analysis of dual-channel supply-chain design [J]. Management Science, 49 (1): 1-20.

DESAI P S, KOENIGSBERG O, PUROHIT D, 2010. Forward buying by retailers [J]. Journal of Marketing Research, 47 (1): 90-102.

DEY K, ROY S, SAHA S, 2019. The impact of strategic inventory and procurement strategies on green product design in a two-period supply chain [J]. International Journal of Production Research, 57 (7): 1915-1948.

DEY K, SAHA S, 2018. Influence of procurement decisions in two-period green supply chain [J]. Journal of Cleaner Production, 190: 388-402.

FIBICH G, GAVIOUS A, LOWENGART O, 2003. Explicit solutions of optimization models and differential games with nonsmooth (asymmetric) reference-price effects [J]. Operations Research, 51 (5): 721-734.

FINE C H, PORTEUS E L, 1989. Dynamic process improvement [J]. Operations Research, 37 (4): 580-591.

FU H, MA Y, CAI X, 2018. Downstream firm's investment with equity holding in decentralized assembly systems [J]. Omega, 75: 27-56.

FUNG V K, FUNG W K, WIND Y J R, 2007. Competing in a flat world: building enterprises for a borderless world [M]. Pearson Prentice Hall.

GE Z, HU Q, XIA Y, 2014. Firms' R&D cooperation behavior in a supply chain [J]. Production and Operations Management, 23 (4): 599-609.

GILBERT S M, CVSA V, 2003. Strategic commitment to price to stimulate downstream innovation in a supply chain [J]. European Journal of Operational Research, 150 (3): 617-639.

GILBERT S M, XIA Y, YU G, 2006. Strategic outsourcing for competing OEMs that face cost reduction opportunities [J]. IIE transactions, 38 (11): 903-915.

GRAY J V, TOMLIN B, ROTH A V, 2009. Outsourcing to a powerful contract manufacturer: The effect of learning-by-doing [J]. Production and Operations Management, 18 (5): 487-505.

GU W, 2014. Strategic Inventories in Supply Chain Contracts under Various Configurations of Competition and Cooperation [D]. Singapore: National University of Singapore.

GUAN H, GURNANI H, GENG X, et al. 2019. Strategic inventory and supplier encroachment [J]. Manufacturing & Service Operations Management, 21 (3): 536-555.

GUPTA S, LOULOU R, 1998. Process innovation, product differentiation, and channel structure: Strategic incentives in a duopoly [J]. Marketing Science, 17 (4): 301-316.

GUPTA S, 2008. Research note-channel structure with knowledge spillovers [J]. Marketing Science, 27 (2): 247-261.

HA A Y, TIAN Q, TONG S, 2017. Information Sharing in Competing

Supply Chains with Production Cost Reduction [J]. Manufacturing & Service Operations Management, 19 (2): 246 – 262.

HALL G, HOWELL S, 1985. The experience curve from the economist's perspective [J]. Strategic Management Journal, 6 (3): 197 – 212.

HARTWIG R, INDERFURTH K, SADRIEH A, et al. 2015. Strategic inventory and supply chain behavior [J]. Production and Operations Management, 24 (8): 1329 – 1345.

HEESE H S, Swaminathan J M, 2006. Product line design with component commonality and cost – reduction effort [J]. Manufacturing & Service Operations Management, 8 (2): 206 – 219.

HOLT C, Modigliani F, Muth J, et al. 1960. Planning Production, Inventories and Work Force [M]. Englewood Cliffs, NJ: Prentice – Hall.

HU J, HU Q, XIA Y, 2019. Who should invest in cost reduction in supply chains? [J]. International Journal of Production Economics, 207: 1 – 18.

HU Z, CHEN X, HU P, 2016. Dynamic pricing with gain – seeking reference price effects [J]. Operations Research, 64 (1): 150 – 157.

HU Z, NASIRY J, 2017. Are markets with loss – averse consumers more sensitive to losses? [J]. Management Science, 64 (3): 1384 – 1395.

HUANG H, MENG Q, XU H, et al. 2019. Cost information sharing under competition in remanufacturing [J]. International Journal of Production Research, 57 (21): 6579 – 6592.

HUANG S, GUAN X, CHEN Y J, 2018. Retailer information sharing with supplier encroachment [J]. Production and Operations Management, 27 (6): 1133 – 1147.

IIDA T, 2012. Coordination of cooperative cost – reduction efforts in a supply chain partnership [J]. European Journal of Operational Research, 222

(2): 180–190.

JABER M Y, BONNEY M, GUIFFRIDA A L, 2010. Coordinating a three–level supply chain with learning–based continuous improvement [J]. International Journal of Production Economics, 127 (1): 27–38.

JIANG B, TIAN L, XU Y, et al. 2016. To share or not to share: Demand forecast sharing in a distribution channel [J]. Marketing Science, 35 (5): 800–809.

KALISH S, 1983. Monopolist pricing with dynamic demand and production cost [J]. Marketing Science, 2 (2): 135–159.

KESKINOCAK P, CHIVATXARANUKUL K, GRIFFIN P M, 2008. Strategic inventory in capacitated supply chain procurement [J]. Managerial and Decision Economics, 29 (1): 23–36.

KIM B, 2000. Coordinating an innovation in supply chain management [J]. European Journal of Operational Research, 123 (3): 568–584.

KIM S H, NETESSINE S, 2013. Collaborative cost reduction and component procurement under information asymmetry [J]. Management Science, 59 (1): 189–206.

KIM, SANG–HYUN, ROBERT SWINNEY. 2009. Lower cost or higher quality? product enhancement decisions when consumers are strategic [J]. SSRN.

LAFFONT J J, TIROLE J, 1993. A theory of incentives in procurement and regulation [M]. MIT press.

LATTIN J M, BUCKLIN R E, 1989. Reference effects of price and promotion on brand choice behavior [J]. Journal of Marketing Research, 26 (3): 299–310.

LI C, Wan Z, 2016. Supplier competition and cost improvement [J]. Management Science, 63 (8): 2460–2477.

LI C, 2013. Sourcing for supplier effort and competition: Design of the supply base and pricing mechanism [J]. Management Science, 59 (6): 1389 – 1406.

LI C, 2020. Supplier competition and cost reduction with endogenous information asymmetry [J]. Manufacturing & Service Operations Management, 22 (5): 996 – 1010.

LI G, Rajagopalan S, 1998. Process improvement, quality, and learning effects [J]. Management Science, 44 (11): 1517 – 1532.

LI L, ZHANG H, 2008. Confidentiality and information sharing in supply chain coordination [J]. Management Science, 54 (8): 1467 – 1481.

LI L, 2002. Information sharing in a supply chain with horizontal competition [J]. Management Science, 48 (9): 1196 – 1212.

LI T, SETHI S P, HE X, 2015. Dynamic pricing, production, and channel coordination with stochastic learning [J]. Production and Operations Management, 24 (6): 857 – 882.

LI X, LI Y, CHEN Y J, 2022. Strategic inventories under supply chain competition [J]. Manufacturing & Service Operations Management, 24 (1): 77 – 90.

LIU Q, VAN RYZIN G J, 2008. Strategic capacity rationing to induce early purchases [J]. Management Science, 54 (6): 1115 – 1131.

LU L, GOU Q, TANG W, et al. 2016. Joint pricing and advertising strategy with reference price effect [J]. International Journal of Production Research, 54 (17): 5250 – 5270.

MAITI T, GIRI B C, 2017. Two – period pricing and decision strategies in a two – echelon supply chain under price – dependent demand [J]. Applied Mathematical Modelling, 42: 655 – 674.

MANTIN B, JIANG L, 2017. Strategic inventories with quality deterioration [J]. European Journal of Operational Research, 258 (1): 155-164.

MOON I, DEY K, SAHA S, 2018. Strategic inventory: Manufacturer vs. retailer investment [J]. Transportation Research Part E: Logistics and Transportation Review, 109: 63-82.

OUYANG L Y, WU K S, YANG C T, 2008. Retailer's ordering policy for non-instantaneous deteriorating items with quantity discount, stock-dependent demand and stochastic backorder rate [J]. Journal of the Chinese Institute of Industrial Engineers, 25 (1): 62-72.

POPESCU I, WU Y, 2007. Dynamic pricing strategies with reference effects. Operations Research, 55 (3): 413-429.

REIMANN M, XIONG Y, YU Z, 2019. Managing a Closed-loop Supply Chain with Process Innovation for Remanufacturing [J]. European Journal of Operational Research, 276 (2): 510-518.

ROY A, GILBERT S M, LAI G, 2019. The implications of visibility on the use of strategic inventory in a supply chain [J]. Management Science, 65 (4): 1752-1767.

RU J, SHI R, ZHANG J, 2015. Does a store brand always hurt the manufacturer of a competing national brand? [J]. Production and operations management, 24 (2): 272-286.

SHUM S, TONG S, XIAO T., 2016 On the impact of uncertain cost reduction when selling to strategic customers [J]. Management Science, 63 (3): 843-860.

SILBERMAYR L, MINNER S, 2016. Dual sourcing under disruption risk and cost improvement through learning [J]. European Journal of Operational Research, 250 (1): 226-238.

SPENGLER J J, 1950. Vertical integration and antitrust policy [J]. Journal of political economy, 58 (4): 347-352.

TAKAUCHI K, MIZUNO T, 2019. Solving a hold-up problem may harm all firms: Downstream R&D and transport-price contracts [J]. International Review of Economics & Finance, 59: 29-49.

TAUDES A, RUDLOFF C, 2012. Integrating inventory control and a price change in the presence of reference price effects: a two-period model [J]. Mathematical Methods of Operations Research, 75 (1): 29-65.

TSAY A A, NAHMIAS S, AGRAWAL N, 1999. Modeling supply chain contracts: A review [J]. Quantitative models for supply chain management: 299-336.

WANG R, 2018. When Prospect Theory Meets Consumer Choice Models: Assortment and Pricing Management with Reference Prices [J]. Manufacturing & Service Operations Management, 20 (3): 583-600.

WANG S, LIU F, 2016. Cooperative innovation in a supply chain with different market power structures [J]. American Journal of Operations Research, 6 (2): 173-198.

WEI M M, ZHANG F, 2018. Advance Selling to Strategic Consumers: Preorder Contingent Production Strategy with Advance Selling Target [J]. Production and Operations Management, 27 (7): 1221-1235.

WINER R S, 1985. A price vector model of demand for consumer durables: Preliminary developments [J]. Marketing Science, 4 (1): 74-90.

WINER R S, 1986. A reference price model of brand choice for frequently purchased products [J]. Journal of consumer research, 13 (2): 250-256.

WRIGHT T P, 1936. Factors affecting the cost of airplanes [J]. Journal of the aeronautical sciences, 3 (4): 122-128.

WU S, LIU Q, ZHANG R Q, 2015. The reference effects on a retailer's dynamic pricing and inventory strategies with strategic consumers [J]. Operations Research, 63 (6): 1320-1335.

XIAO W, GAIMON C, 2013. The effect of learning and integration investment on manufacturing outsourcing decisions: A game theoretic approach [J]. Production and Operations Management, 22 (6): 1576-1592.

XU K, CHIANG W Y K, LIANG L, 2011. Dynamic pricing and channel efficiency in the presence of the cost learning effect [J]. International Transactions in Operational Research, 18 (5): 579-604.

YANG Z, HU X, GURNANI H, et al. 2017. Multichannel distribution strategy: Selling to a competing buyer with limited supplier capacity [J]. Management Science, 64 (5): 2199-2218.

YELLE L E, 1979. The learning curve: Historical review and comprehensive survey [J]. Decision sciences, 10 (2): 302-328.

YOON D H, 2016. Supplier encroachment and investment spillovers [J]. Production and Operations Management, 25 (11): 1839-1854.

ZHA Y, ZHANG L, XU C, et al. 2021. A two-period pricing model with intertemporal and horizontal reference price effects [J]. International Transactions in Operational Research, 28 (3): 1417-1440.

ZHANG H, NAGARAJAN M, SOŠIĆ G, 2010. Dynamic supplier contracts under asymmetric inventory information [J]. Operations Research, 58 (5): 1380-1397.

ZHANG J, CHIANG W K, LIANG L, 2014. Strategic pricing with reference effects in a competitive supply chain [J]. Omega, 44: 126-135.

ZHANG J, CHIANG W K, 2020. Durable goods pricing with reference price effects [J]. Omega, 91: 102018.

ZHANG J, GOU Q, LIANG L, et al. 2013. Supply chain coordination through cooperative advertising with reference price effect [J]. Omega, 41 (2): 345-353.

ZHANG J, GOU Q, ZHANG J, et al. 2014. Supply chain pricing decisions with price reduction during the selling season [J]. International Journal of Production Research, 52 (1): 165-187.

ZHANG Q, TANG W, ZHANG J, 2016. Green supply chain performance with cost learning and operational inefficiency effects [J]. Journal of Cleaner Production, 112: 3267-3284.

ZHANG Q, TANG W, ZHANG J, 2018. Who should determine energy efficiency level in a green cost-sharing supply chain with learning effect? [J]. Computers & Industrial Engineering, 115: 226-239.

ZHANG S, ZHANG J, 2018. Contract preference with stochastic cost learning in a two-period supply chain under asymmetric information [J]. International Journal of Production Economics, 196: 226-247.

ZHANG T, LI G, LAI K K, et al. 2018. Information disclosure strategies for the intermediary and competitive sellers [J]. European Journal of Operational Research, , 271 (3): 1156-1173.

ZHANG T, ZHU X, GOU Q, 2017. Demand forecasting and pricing decision with the entry of store brand under various information sharing scenarios [J]. Asia-Pacific Journal of Operational Research, 34 (02): 1740018.

ZHAO N, WANG Q, CAO P, et al. 2019. Dynamic pricing with reference price effect and price-matching policy in the presence of strategic consumers [J]. Journal of the Operational Research Society, 70 (12): 2069-2083.

柏庆国，徐贤浩，2015. 带学习效应的双渠道供应链库存策略研究 [J]. 中国管理科学，2: 59-69.

陈波，韩明坤，吴华清，2016. 考虑价格上限管制与参考价格的价控策略［J］．系统工程学报，31（3）：287-296．

陈建岭，2016．供应链管理［M］．北京：北京大学出版社．

陈鹏宇，2017．不同供应链结构下的价格与产量联合决策研究［D］．武汉：华中科技大学，40-71．

陈树桢，熊中楷，李根道，2011．考虑创新补偿的双渠道供应链协调机制研究［J］．管理工程学报，25（2）：45-53．

陈宇科，孟卫东，邹艳，2010．竞争条件下纵向合作创新企业的联盟策略［J］．系统工程理论与实践，30（5）：857-864．

陈志祥，2007．学习曲线及在工业生产运作研究中的应用综述［J］．中国工程科学，9（7）：82-88．

伏开放，陈志祥，2015．考虑学习效应和质量缺陷的JIT生产-零售库存优化研究［J］．中国管理科学（s1）：543-550．

付启敏，刘伟，2011．供应链企业间合作创新的联合投资决策--基于技术不确定性的分析［J］．管理工程学报，25（3）：172-177．

葛泽慧，胡奇英，2010．上下游企业间的研发协作与产销竞争共存研究［J］．管理科学学报，13（4）：12-22．

龚红，骆金箭，2018．市场竞争越激烈，创新投入越高吗？——知识产权保护的调节作用［J］．珞珈管理评论，19（3）：68-83．

计国君，孙忠锋，2018．考虑参照价格效应及异质性消费者的预售决策［J］．系统工程理论与实践，38（12）：3059-3070．

李星北，齐二石，2014．考虑不同风险偏好的供应链企业创新投资决策模型［J］．管理学报，11（10）：1514．

林志炳，2016．基于制造商建议零售价的供应链定价策略［J］．中国管理科学，24（11）：153-161．

刘伟，张子健，张婉君，2009．纵向合作中的共同R&D投资机制研究［J］．管理工程学报，23（1）：19-22．

马建华，艾兴政，唐小我，2014. 竞争供应链基于下游企业主导的纵向研发联盟研究 [J]. 管理学报，11（4）：599.

浦徐进，李栋栋，王执杰，2017. 考虑参考价格效应的双渠道供应链协调机制设计 [J]. 控制与决策，32（7）：1273-1278.

宋鸿芳，冉伦，褚宏睿，等. 2015. 消费者锚定效应下的动态定价与库存控制研究 [J]. 中国管理科学，23（4）：123-128.

束军意，张建强，2015. 零售商战略性提前采购——基于供应商开通直销渠道的分析 [J]. 物流技术，34（12）：123-128.

田巍，张子刚，刘宁杰，2008. 零售商竞争环境下上游企业创新投入的供应链协调 [J]. 系统工程理论与实践，28（1）：64-70.

田巍，2012. 供应链协作创新模式比较与协调 [J]. 运筹与管理，21（1）：111-117.

徐健腾，柏庆国，张玉忠，2013. 带学习效应的二级易变质产品供应链的最优策略研究 [J]. 系统工程理论与实践，33（5）：1167-1174.

徐珂，2010. 两级供应链中的动态定价问题 [D]. 合肥：中国科学技术大学.

吴海，2016. 考虑销售努力、竞争环境和质量改进的战略库存模型研究 [D]. 南京：南京理工大学.

杨琪劼，2015. 不同供应链结构下的战略库存研究 [D]. 成都：西南交通大学.

张华，顾新，2018. 合作创新的领导权博弈与利益协调研究 [J]. 系统工程理论与实践，38（12）：3109-3123.

张文杰，骆建文，2013. 供应不稳定时零售商战略库存决策研究 [J]. 管理工程学报，（4）：62-66.

周尔凤，张廷龙，倪蕾，等. 2018. 竞争中参考价格效应及承诺 [J]. 中国管理科学，26（8）：75-85.